즉석에서 바로바로 활용하는

369

일상영어

완전정복

■ 배현

영어와 중국어를 함께 공부하기 위해 대학을 중국으로 진학하여 영어를 전공으로 중국어와 영어를 함께 공부했다. 중국 연변과학기술대학교에서 4년 연속 1등을 놓치지 않았으며 학사를 수석으로 졸업하고 언어 교육을 더 전문적으로 공부하기 위해 영국 에딘버러대학교에서 언어교육 석사과정을 졸업했다. 외국에 있는 동안 주로 외국인들과 어울리며 언어와 문화를 습득하는 것을 즐겼고, 영어실력의 한계로 힘들어하는 유학생들에게 계속해서 영어를 가르치며 언어 공부의 재미와 효과적 공부 방법을 전파하는데 힘을 썼다.

한국으로 돌아와서는 연구원, 통역사, 교사 등으로 활동했고 계속해서 언어를 연구하고 공부해서 지금은 스페인어까지 하게 되어 4개 국어를 구사한다. 현재 미국 위스콘신 매디슨 대학교에서 영어과 박사과정을 하며 SLA(Second Language Acquisition) 연구소에서 일하고 있다.

주요논문

Foreign language teachers for education of intercultural competence and citizenship
(다문화 능력과 시민의식 교육을 위한 외국어 교사 준비)

즉석에서 바로바로 활용하는

369 일상영어 완전정복

저 자 배현
발행인 고본화
발 행 반석출판사
2019년 1월 20일 초판 1쇄 인쇄
2019년 1월 25일 초판 1쇄 발행
반석출판사 | www.bansok.co.kr
이메일 | bansok@bansok.co.kr
블로그 | blog.naver.com/bansokbooks

07547 서울시 강서구 양천로 583. B동 1007호
(서울시 강서구 염창동 240-21번지 우림블루나인 비즈니스센터 B동 1007호)
대표전화 02) 2093-3399   팩 스 02) 2093-3393
출 판 부 02) 2093-3395   영업부 02) 2093-3396
등록번호 제315-2008-000033호

ISBN 978-89-7172-887-1 (13740)

즉석에서 바로바로 활용하는

369
일상영어
완전정복

반석출판사
Bansok

문법 없이 영어로 말할 수 있다면?

지금까지 수많은 학생들에게 영어를 가르치면서 공통적으로 느낀 점이 있다. 바로 문법을 하지 않고 말을 할 수 있기를 원하는 것이다. 물론 문법을 공부하는 것이 말하기에 도움이 된다. 하지만 그럴 시간이 없고 문법에 흥미가 없는 사람들도 많이 있다. 이 책은 문법 없이 단순 암기로만으로 일상생활에서 가장 필요한 상황들에 맞춰 영어로 말할 수 있도록 구성되었다. 우리가 일상생활에서 가장 자주 만나는 100가지 상황들에 사용되는 표현들이 모두 있다. 아무렇게나 모아 놓은 것이 아니라 그 상황에서 가장 중요한 표현 3개, 추가적인 표현 6개, 그리고 자주 사용되는 단어 9개만 모아두었다. 이렇게 한 이유는 너무 많은 표현을 분별없이 외우면 사용하기는커녕 헷갈릴 수 있고 사용하지 않게 되어 결국 잊어버리게 되기 때문이다. 그래서 실제적으로 자주 사용하고 실용적인 표현들만 모아두었다. 이 표현과 단어들만 외우면 외국인들을 만나도 두려워할 필요가 없고 오히려 대화를 주도해나갈 수 있게 될 것이다.

이 책을 공부하면서 미국 드라마를 보는 것을 추천한다. 그러면 이 표현들이 어떻게 사용되는지 빨리 알 수 있고 이 표현들을 사용했을 때 사람들이 어떻게 반응하는지도 볼 수 있다.

이 책을 사용하는 모든 사람들이 하루 빨리 영어로 세계 사람들과 쉽게 대화할 수 있기를 바란다.

배헌

이 책의 특징

■ 단순함

많은 영어 말하기 책들을 보면 내용이 너무 많다는 것을 느낄 수 있다. 꼭 필요한 표현들만 몇 개 알면 되는데 너무 많은 표현을 알려주면 나중에는 어떤 것을 사용해야 되는지도 모르게 된다. 이러한 점을 보완하기 위해 이 책에서는 각 상황에 사용되는 핵심표현 3개, 추가표현 6개, 그리고 주요단어 9개만 가르쳐준다.

■ 실용성

여러 가지 용도로 사용할 수 있다. 우선 혼자서 말하기를 공부하고 싶은 사람들이 스스로 공부할 수 있도록 구성되어 있다. 또한 과외를 받는 학습자들이 과외선생님을 통해 공부하면 효과적으로 공부할 수 있는 도구가 된다. 마지막으로 회화 사전처럼 사용할 수 있다. 아직 영어 실력이 부족해서 필요한 상황에 말이 나오지 않는 상황이라면 들고 다니면서 필요할 때마다 찾아서 사용할 수 있다.

■ 정확한 발음

기초 말하기 책들을 보면 영어 밑에 한글로 표기를 해두어서 초보자들도 쉽게 읽을 수 있도록 해두었다. 그런데 많은 경우 한글로 표기할 수 없는 영어 발음들을 억지로 맞춰놓은 것을 볼 수 있다. 이러한 점을 보완하기 위하여 이 책에서는 한글표기에 영어를 조금씩 섞어서 발음 표기를 했다. 이 발음 표기는 초보자들도 쉽게 익힐 수 있고 책 안의 표현들을 원어민처럼 발음할 수 있게 해준다.

■ 저자 동영상 강의

매 강마다 저자가 직접 주요 부분을 짧게 설명하는 동영상 강의를 제공한다. 각 과의 제목 부분에 있는 QR코드를 스캔하면 해당되는 동영상 강의가 유튜브로 바로 연결되어 쉽게 동영상을 시청할 수 있다.

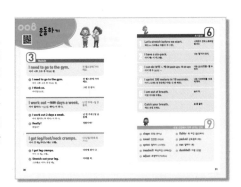

목차

Part 4

비즈니스
영어

한국어 표기 발음 읽기

1. 한글로 표기된 발음: 한글 그대로 읽는다.

예문1 영어표기: Really?
한글표기: 뤼얼리?
뜻: 정말이야?

예문2 영어표기: Enter your PIN number.
한글표기: 인털 유얼 핀 넘벌.
뜻: PIN 번호를 입력하시오.

예문3 영어표기: What time do you want to see?
한글표기: 왓타임 두유 워너 씨?
뜻: 언제 보고 싶어?

예문4 영어표기: Can I ask you why?
한글표기: 캐나이 에스큐 와이?
뜻: 왜 그런지 말씀해 주실 수 있나요?

2. 하나의 영어 스펠링으로 표기된 자음: 아주 짧게 발음한다.

하나의 영어 스펠링으로 표기되는 자음			
종류	예	한글발음	주의사항
k	케이k	케이 + 아주 짧은 크	모음이 없는 ㅋ 발음만
t	씨t	씨 + 아주 짧은 트	모음이 없는 ㅌ 발음만
d	카인d	카인 + 아주 짧은 드	모음이 없는 ㄷ 발음만
g	더g	더 + 아주 짧은 그	모음이 없는 ㄱ 발음만
p	뤠p	뤠 + 아주 짧은 프	모음이 없는 ㅍ 발음만
b	좌b	좌 + 아주 짧은 브	모음이 없는 ㅂ 발음만
v	썰v	썰 + 아주 짧은 v발음	모음이 없는 v 발음만
f	와이f	와이 + 아주 짧은 f발음	모음이 없는 v 발음만
z	이z	이 + 아주 짧은 즈	모음이 없는 즈 발음만

* **v 발음**: 한국어의 ㅂ 발음과 가장 비슷하지만 윗니를 아랫입술에 살짝 대고 성대에 진동을 주어서 내는 소리이다.
* **f 발음**: 한국어의 ㅍ 발음과 가장 유사하지만 윗니를 아랫입술에 살짝 대고 ㅍ 발음을 공기 새는 소리와 함께 내주면 나는 소리다.

예문 1 영어표기: My salary is ~.
한글표기: 마이 쎌러뤼 이z ~.
뜻: 내 봉급은 ~야.

예문 2 영어표기: Can I get ~, please?
한글표기: 캐나이 게t ~, 플리z?
뜻: ~좀 주실 수 있어요?

3. 두 개의 자음으로 표기된 자음들: 두 자음을 연속으로 짧게 발음한다.

하나의 영어 스펠링으로 표기되는 자음			
종류	예	한글발음	주의사항
sk	뤼sk	뤼 + 아주 짧은 스크	스크를 모음 없이 연속으로 발음
ts	뤠이ts	뤠이 + 아주 짧은 츠	츠를 모음 없이 연속으로 발음 (트스를 빨리하면 츠가 된다)
st	더st	더 + 아주 짧은 스트	스트를 모음 없이 연속으로 발음
ks	맠ks	맠 + 아주 짧은 크스	크스를 모음 없이 연속으로 발음
zd	유zd	유 + 아주 짧은 즈드	크스를 모음 없이 연속으로 발음
kt	월kt	월 + 아주 짧은 크트	크트를 모음 없이 연속으로 발음
ft	기ft	기 + 아주 짧은 f트	f트를 모음 없이 연속으로 발음
vs	기vs	기 + 아주 짧은 v스	v스를 모음 없이 연속으로 발음
ch	벤ch	벤 + 아주 짧은 취	취를 모음 없이 짧게 발음 (ch는 하나의 자음으로 '취'발음이 남)
sh	위sh	위 + 아주 짧은 쉬	쉬를 모음 없이 짧게 발음 (sh는 하나의 자음으로 '쉬'발음이 남)
th	위th	위 + 아주 짧은 th	th를 모음 없이 짧게 발음 (th는 혀를 윗니와 아랫니 사이에 넣고 공기 불면 나는 소리이다)

예문1 영어표기: It's not you. It's me.
한글표기: 이ts 낫 유. 이ts 미.
뜻: 네가 아니라 나 때문이야

예문2 영어표기: I was born and raised in Seoul.
한글표기: 아이 워z 본 엔 뤠이zd 인 써울.
뜻: 저는 서울에서 태어나 자랐습니다.

예문3 영어표기: How much do you earn?
한글표기: 하우 머ch 두유 언?
뜻: 너는 얼마나 버니?

예문4 영어표기: I must be here today.
한글표기: 아이 머st 비 히얼 투데이.
뜻: 나는 오늘 여기에 있어야 해.

4. 괄호 안에 있는 발음들: (th), (v), (f), (L) 발음

(th), (v), (f), (L) 발음			
종류	예	한글발음	주의사항
(th)	데(th)이	데 + 이	데 발음을 공기 새는 소리와 함께 낸다
	땡(th)큐	땡 + 큐	땡 발음을 공기 새는 소리와 함께 낸다
	* 영어의 th와 가장 가까운 한국 발음이 ㄷ, ㄸ 발음인데 같은 발음은 없지만 혀를 윗니와 아랫니 사이에 살짝 넣은 상태에서 데 혹은 때를 하면 같은 소리가 난다.		
(v)	바(v)이올린	바 + 이올린	바 발음을 v소리로 낸다
	* 영어의 v는 한국의 ㅂ 발음으로 표기되지만 v로 표기하면 정확한 소리를 내지 못하므로 (v) 표시가 있는 ㅂ 소리는 v로 발음한다.		
(f)	패(f)멀리	패 + 멀리	패 발음을 f소리로 낸다
	* 영어의 f는 한국의 ㅍ 발음으로 표기되지만 ㅍ로 표기하면 정확한 소리를 내지 못하므로 (f) 표시가 있는 ㅍ 소리는 모두 f로 발음한다.		
(L)	레(L)인	레 + 인	레 발음을 혀끝이 윗니 뒤쪽에 붙인 상태에서 시작한다
	우리나라는 ㄹ 발음이 하나만 있지만 영어는 R과 L 두 가지가 있다. R 발음은 우리나라의 롸, 뤠와 같은 발음으로 표시가 가능하지만 L 발음으로 시작하는 단어는 한글로는 표현하기가 어렵기 때문에 (L)로 표시하고 이 표시가 있는 ㄹ 발음을 할 때는 혀끝을 윗니 뒤쪽에 붙인 상태에서 ㄹ 발음을 하면 정확한 L소리가 나온다.		

예문 1 영어표기: I am listening.
한글표기: 아임 리(L)s닝.
뜻: 말씀하세요.

예문 2 영어표기: I don't think so.
한글표기: 아이 돈 띵(th)쏘.
뜻: 나는 그렇게 생각 안 해.

예문 3 영어표기: I am from ~.
한글표기: 아임 프(f)럼 ~.
뜻: 저는 ~에서 왔어요.

예문 4 영어표기: I'd like to make a reservation.
한글표기: 아이들라익투 메이꺼 뤠절베(v)이션.
뜻: 예약하고 싶습니다.

5. ~표시가 부분에서는 바로 앞 글자의 모음을 길게 발음해준다.

~표시가 부분 발음 예문		
예	한글발음	주의사항
미~t	(모음이 긴) 미 + t	미를 길게 끌어준 후 t를 발음한다
씨~d	(모음이 긴) 씨 + d	씨를 길게 끌어준 후 d를 발음한다
무~운	(모음이 긴) 무 + 운	무를 길게 끌어준 후 운를 발음한다

예문 1 영어표기: What do you want to eat?
한글표기: 왓 두유 워너 이~t?
뜻: 너는 뭐가 먹고 싶니?

예문 2 영어표기: It's too loose?
한글표기: 이ts 루(L)~s
뜻: 너무 헐렁해요.

예문 3 영어표기: My seat is better.
한글표기: 마이 씨~t 이z 베럴.
뜻: 내 자리가 더 좋아.

* 문장에서의 발음변화

우리나라에서도 문장으로 자연스럽게 말을하다 보면 앞의 단어와 뒤의단어가 연결되어 연음이 일어나는 것을 알 수 있다. 예를 들어 다음 문장은 이렇게 소리가 난다.

나는 오늘 학교에 갔다가 도서관에 갈거다.
= 나느노늘 하꾜에가따가 도서과네갈꺼다.

영어도 마찬가지다. 한 단어 한 단어 말하다 보면 원어민들은 너무 느리다고 느낄수 있고 결국 못 알아들을 수도 있다. 예를 들어 다음 문자을 하나 하나 끊어서 문장처럼 말해보면 이렇게 된다.

I am a student.
= 아이 엠 어 스뜌던t

알아들을 수 있지만 원어민처럼 더 자연스럽게 하면 이렇게 된다.

아이에머 스튜던t

이 점을 고려해서 이 책에 나와 있는 표현들은 모두 원어민들이 잘 알아들을 수 있도록 연음 분석이 끝난 소리들을 한국말로 잘 써놓았다. 그러므로 마음 편히 각 표현들과 함께 있는 한국어 소리들을 읽고 외우면 된다.

인사하기

 핵심표현

Hi! 이름.
하이! 이름.

안녕! ~야.

Ⓐ Hi! John.
하이! 쫜.

안녕! 존.

Ⓑ Hi! Jane.
하이! 제인.

안녕! 제인.

Hello/Hey! 이름.
헬로우/헤이! 이름.

안녕! ~야.

Ⓐ Hey! Susan.
헤이! 수잔.

안녕! 수잔.

Ⓑ Hello! Steve.
헬로우! 스띠v.

안녕! 스티브.

Good morning/afternoon /evening!
굿 몰닝/에프(f)털 눈/이브(v)닝!

좋은(아침, 점심, 저녁) 이야!

Ⓐ Good morning! Steve.
굿몰닝! 스띠v.

좋은 아침이야! 스티브.

Ⓑ Good morning! Mary.
굿몰닝! 메어뤼.

좋은 아침이야! 메리.

＊ 영어로 인사할 때는 이름을 붙여주는 것이 더 친근감이 있게 들린다.

추가표현 **6**

1
What's up?
왓첩?
요즘 어때?

2
How are you?
하월유?
잘 지내?

3
How is it going?
하우짓 고잉?
요즘 어때?

4
Great!
그뤠이t!
괜찮아!

5
Fantastic!
펜(f)테s틱k!
아주 잘 지내!

6
I am good, thanks for asking.
아임 구d, 땡(th)s 폴(f) 에스낑.
잘 지내, 물어봐줘서 고마워

인사할 때 자주 나오는 단어 **9**

❶ day: 날 (데이)

❷ work: 일, 직업 (월k)

❸ job: 일, 직업 (쨥)

❹ family: 가족 (페(f)멀리)

❺ weather: 날씨 (웨덜(th))

❻ vacation: 방학 (베(v)케이션)

❼ trip: 여행 (츄리p)

❽ house: 집 (하우s)

❾ plan: 계획 (플렌)

3

핵심표현

Please ~!
플리z ~!

~좀 해주세요!

Ⓐ **Please open the window!**
플리z 오쁜 더(th) 윈도우!

창문 좀 열어주세요!

Ⓑ **No problem.**
노우프라블럼.

그러죠 뭐.

Can/Could you ~, please?
켄뉴/쿠쥬 ~, 플리z?

~ 좀 해줄 수 있나요?

Ⓐ **Could you smile, please?**
쿠쥬 스마일 플리z?

좀 웃어줄 수 있나요?

Ⓑ **Can I ask you why?**
캐나이 에스큐 와이?

왜 그런지 말씀해주실 수 있나요?

I need/want you to ~.
아이니쥬/원츄투 ~.

~ 좀 해주셨으면 좋겠네요.

Ⓐ **I need you to leave here.**
아이니쥬투 리(L)v 히얼.

여기를 떠나주세요.

Ⓑ **Why?**
와이?

왜요?

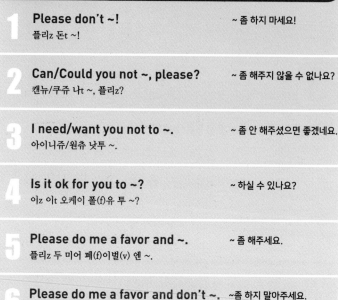

1 **Please don't ~!**
플리z 돈t ~!

~ 좀 하지 마세요!

2 **Can/Could you not ~, please?**
캔뉴/쿠쥬 낫t ~, 플리z?

~ 좀 해주지 않을 수 없나요?

3 **I need/want you not to ~.**
아이니쥬/원츄 낫투 ~.

~ 좀 안 해주셨으면 좋겠네요.

4 **Is it ok for you to ~?**
이z 이t 오케이 폴(f)유 투 ~?

~ 하실 수 있나요?

5 **Please do me a favor and ~.**
플리z 두 미어 페(f)이벌(v) 엔 ~.

~ 좀 해주세요.

6 **Please do me a favor and don't ~.**
플리z 두 미어 페(f)이벌(v) 엔 돈t ~.

~좀 하지 말아주세요.

❶ tell: 말하다 (텔) ❷ give: 주다 (기v)

❸ open: 열다 (오쁜) ❹ close: 닫다 (클로우z)

❺ pass: 지나다 (페s) ❻ teach: 가르치다 (티~ch)

❼ leave: 나가다 (리(L)~v) ❽ help: 돕다 (핼p)

❾ send: 보내다 (쎈d)

003 후회하기

3 핵심표현

I regret ~ [명사 혹은 동사+ing].
아이뤼그뤠t ~.

나는 ~를 후회해.

A **I regret saying that.**
아이뤼그뤠t 쎄잉데(th)t.

나는 그것을 말한 걸 후회해.

B **I regret that too.**
아이뤼그렛뎃(th) 투.

나도 그걸 후회해.

I should have ~ [동사+ed/과거분사].
아이 슛해v ~.

~했어야 되는 건데.

A **I should have played soccer.**
아이 슛해v 플레이d 싸컬.

축구를 했어야 되는 건데.

B **I don't think so.**
아이 돈 띵(th)쏘.

나는 그렇게 생각 안 해.

I shouldn't have ~ [동사+ed/과거분사].
아이 슈든테v ~.

~하지 말았어야 했는데.

A **I shouldn't have gone there.**
아이 슈든테v 건 데(th)얼.

거기 가지 말았어야 했는데.

B **I know.**
아이 노우.

그러게 말이야.

1 **I regret not ~ [동사+ing].** ~하지 않은 걸 후회해.
아이뤼그렛 낫t ~.

2 **I wish I'd ~ [동사+ed/과거분사].** ~할걸 그랬다.
아이위sh 아이d ~.

3 **I wish I hadn't ~ [동사+ed/과거분사].** ~하지 말걸 그랬다.
아이위sh 아이해든t ~.

4 **I wish I could've ~ [동사+ed/과거분사].** ~할 수 있었다면.
아이위sh 아이 쿠루v ~.

5 **I wish I were ~ 명사.** 내가 ~였다면 좋았겠다.
아이위sh 아이 월 ~.

6 **If only I ~ [동사+ed/과거형].** ~했으면.
이f 온리 아이 ~.

❶ done: ~를 한 (던)   ❷ gone: ~에 간 (건)

❸ been: ~에 었었던 (빈)   ❹ become: ~가 된 (비컴)

❺ chosen: 선택된 (초우즌)   ❻ met: 만난 (메t)

❼ sent: 보내진 (쎈t)   ❽ eaten: 먹은 (이튼)

❾ written: 쓴 (뤼튼)

예상하기

3 핵심표현

I think 주어 will ~.
아이띵(th)k 주어 윌 ~.

주어는 ~할 거야.

Ⓐ **I think you will pass.**
아이띵(th)k 유 윌 페s.

너는 통과할 거야.

Ⓑ **I hope so.**
아이홉쏘.

나도 그랬으면 좋겠어

Maybe 주어 will ~.
메이비 주어 윌 ~.

주어는 아마도 ~할 거야.

Ⓐ **Maybe he will go with you.**
메이비 히 윌 고우 위th 유.

그는 아마도 너와 함께 갈 거야.

Ⓑ **I think so too.**
아이 띵(th)쏘 투.

나도 그렇게 생각해.

I think 주어 can ~.
아이띵(th)k 주어 캔.

내 생각에 주어는 ~할 수 있을 거야.

Ⓐ **I think you can do it.**
아이띵(th)k 유 캔 두위t.

내 생각에 너는 이걸 할 수 있을 거야.

Ⓑ **I know.**
아이 노우.

나도 알아.

22

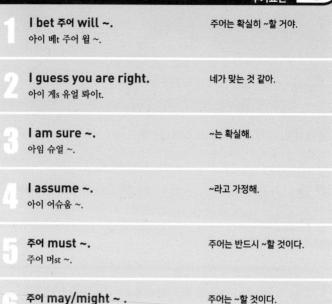

1
I bet 주어 will ~.
아이 베t 주어 윌 ~.

주어는 확실히 ~할 거야.

2
I guess you are right.
아이 게s 유얼 롸이t.

네가 맞는 것 같아.

3
I am sure ~.
아임 슈얼 ~.

~는 확실해.

4
I assume ~.
아이 어슈움 ~.

~라고 가정해.

5
주어 must ~.
주어 머st ~.

주어는 반드시 ~할 것이다.

6
주어 may/might ~ .
주어 메이/마이t ~.

주어는 ~할 것이다.

예상할 때 자주 쓰이는 단어 **9**

❶ think: 생각하다 (띵(th)k)

❷ maybe: 아마도 (메이비)

❸ can: ~를 할 수 있다 (캔)

❹ bet: 틀림없다 (베t)

❺ guess: 추측하다 (게s)

❻ sure: 확실한 (슈얼)

❼ assume: 가정하다 (어쑤움)

❽ must: 확실히 ~하다 (머st)

❾ might: 아마 ~다 (마이t)

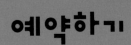

005 예약하기

3 핵심표현

I'd like to make a reservation.
아이들라익투 메이꺼 뤠절베(v)이션.

예약하고 싶습니다.

Ⓐ Can I help you?
캐나이헬쀼?

무엇을 도와드릴까요?

Ⓑ I'd like to make a reservation.
아이드라익투 메이꺼 뤠절베(v)이션.

예약하고 싶습니다.

I'd like to reserve ~. 예) a dinner / a room
아이들라익투 뤼절v ~.

~를 예약하고 싶습니다.

Ⓐ I'd like to reserve a dinner.
아이들라익투 뤼절v 어 디널.

저녁을 예약하고 싶습니다.

Ⓑ For which day and time please?
폴(f) 위취 데이 엔 타임 플리z?

몇 날 몇 시에 하시겠습니까?

I'd like to book ~. 예) a ticket
아이들라익투 부k ~.

~를 예약하고 싶습니다.

Ⓐ I'd like to book a table today.
아이들라익투 부k 어 테이블 투데이.

오늘 자리를 예약하고 싶습니다.

Ⓑ For which time please?
폴(f) 위취 타임 플리z?

몇 시에 하시겠습니까?

1

Do you have any vacancies?
두유 해v 에니 베(v)이컨씨s?

빈방 있나요?

2

I'd like ~ please.
아이들라익 ~ 플리z.

~ 주세요.

3

What's the price?
와ts 더 프롸이s?

가격이 어떻게 되죠?

4

~ dollars per night.
~ 달럴s 펄 나이t.

하루에 ~달러입니다.

5

I am going to stay ~ nights.
아임 고잉투 스떼이 ~ 나이ts.

~일 밤 머물겠습니다.

6

I'd like to check in.
아이들라익투 췍낀.

체크인하고 싶습니다.

예약할 때 자주 쓰이는 단어 **9**

❶ hotel: 호텔 (호텔)

❷ inn: 인 (인)

❸ bed: 침대 (배d)

❹ train: 기차 (츄뤠인)

❺ movie: 영화 (무비(v))

❻ theater: 극장 (띠(th)어럴)

❼ bus: 버스 (버s)

❽ one-way: 원웨이 (원웨이)

❾ round: 왕복 (롸운d)

물어보기
(be동사)

3 핵심표현

Can I ask you something?
캐나이 에스뀨 썸띵(th)?

뭐 좀 물어봐도 되나요?

Ⓐ Can I ask you something?
캐나이 에스뀨 썸띵(th)?

뭐 좀 물어봐도 되나요?

Ⓑ Of course!
옵코얼s!

당연하죠!

What's ~?
와ts ~?

~는 무엇입니까?

Ⓐ What's that?
와ts 데(th)t?

그건 뭐예요?

Ⓑ This is my toy.
디(th)씨s 마이 토이.

이건 내 장난감이야.

Who's ~?
후z ~?

~는 누구입니까?

Ⓐ Who's him?
후z 힘?

그는 누구입니까?

Ⓑ He is my brother.
히 이z 마이 브라덜(th).

그는 내 남자형제입니다.

1 **Where is ~?**
웨얼 이z ~?
~는 어디입니까?

2 **When is ~?**
웬 이z~?
~는 언제인가요?

3 **Which is ~?**
위ch 이z ~?
어떤 것이 ~이에요?

4 **How are/is ~?**
하우 얼/이z ~?
~는 어떤가요?

5 **Why?**
와이?
왜?

6 **Can I ask you why?**
캐나이 에스큐 와이?
왜 그런지 말씀해주실 수 있나요?

❶ excuse: 실례하다 (익스큐s) ❷ hello: 저기요 (핼로우)

❸ sir: 남자에게 저기요 (썰) ❹ ma'am: 여자에게 저기요 (멤)

❺ what: 무엇 (왓t) ❻ where: 어디 (웨얼)

❼ when: 언제 (웬) ❽ who: 누구 (후)

❾ why: 왜 (와이)

007 쇼핑하기

③ 핵심표현

Where can I find the ~.
웨얼 캐나이 파(f)인 더(th) ~.

~ 어디서 찾을 수 있어요?

ⓐ **Where can I find the pens?**
웨얼 캐나이 파(f)인 더(th) 펜s?

펜들 어디서 찾을 수 있나요?

ⓑ **We don't sell pens.**
위 돈 쎌 펜s.

저희는 펜 안 팝니다.

How much is/are ~? is – 단수 are – 복수
하우 머ch 이z/얼 ~?

~ 얼마예요?

ⓐ **How much is this?**
하우 머ch 이z 디(th)s?

이거 얼마예요?

ⓑ **2 dollars.**
투 달럴s.

2달러입니다.

I want ~. 예) this/that/명사
아이 원t ~.

~ 주세요.

ⓐ **I want the novel.**
아이 원 더(th) 나벌(v). 〈연음현상으로 원t의 t가 사라짐〉

저는 그 소설책을 원해요.

ⓑ **That's a good one.**
멧(th)처 구d 원.

그거 정말 좋은 겁니다.

28

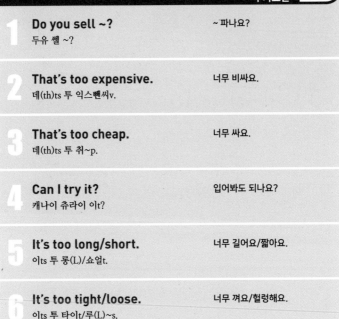

1
Do you sell ~?
두유 쎌 ~?

~ 파나요?

2
That's too expensive.
데(th)ts 투 익스뻰씨v.

너무 비싸요.

3
That's too cheap.
데(th)ts 투 취~p.

너무 싸요.

4
Can I try it?
캐나이 츄라이 이t?

입어봐도 되나요?

5
It's too long/short.
이ts 투 롱(L)/쇼얼t.

너무 길어요/짧아요.

6
It's too tight/loose.
이ts 투 타이t/루(L)~s.

너무 껴요/헐렁해요.

❶ store: 상점 (스또얼)

❷ shopping: 쇼핑 (쇼삥)

❸ discount: 할인 (디스까운t)

❹ color: 색깔 (칼럴)

❺ size: 사이즈 (싸이z)

❻ bargain: 흥정 (발겐)

❼ cash: 현금 (캐sh)

❽ card: 카드 (칼d)

❾ free: 무료 (프(f)리)

운동하기

3 핵심표현

I need to go to the gym.
아이 니투 고우 투 더(th) 쥠.

전 헬스장에 가야
해요.

Ⓐ I need to go to the gym.
아이 니투 고우 투 더(th) 쥠.

전 헬스장에 가야
해요.

Ⓑ I think so.
아이띵(th)쏘.

그런 것 같아.

I work out ~(숫자) days a week.
아이 월까우t ~(숫자) 데이z 어 위~k.

난 한 주에 ~일 운
동해.

Ⓐ I work out 2 days a week.
아이 월까우t 투 데이z 어 위~k.

난 한 주에 2일 운
동해.

Ⓑ Really?
뤼얼리?

정말이야?

I got leg/foot/neck cramps.
아이 갓 레g/푸(f)t/네k/ 크뤰s.

다리/발/목에 쥐
가 나.

Ⓐ I got leg cramps.
아이 갓 레g 크뤰s.

다리에 쥐가 나.

Ⓑ Stretch out your leg.
스트뤠ch 아우t 유얼 레g.

다리를 펴.

추가표현 6

1
Let's stretch before we start.
레(L)ts 스트뤠ch 비폴(f) 위 스딸t.

시작하기 전에 스트레칭 합시다.

2
I have a six-pack.
아이 해v 어 씩스페k.

나는 '왕'자가 있어.

3
I can do (숫자) ~. 예) 20 push-ups, 10 sit-ups
아이 캔 두 (숫자) ~.

나는 (숫자)만큼 ~할 수 있어.

4
I sprint 100 meters in 10 seconds.
아이 스프뢴t 원 헌쥬레d 미털s 인 텐 쎄컨z.

나는 100미터를 10초에 뛰어.

5
I am out of breath.
아임 아우롭 브레th.

숨이 차.

6
Catch your breath.
캐ch 유얼 브레th.

숨 좀 골라.

운동 관련해서 자주 쓰이는 단어 9

❶ shape: 모양 (쉐이p)

❷ flabby: 축 처진 (플(f)레비)

❸ toned: 건강한 (토운d)

❹ packed: 근육질의 (팩t)

❺ sprint: 달리다 (스프뢴t)

❻ run: 달리다 (뤈)

❼ treadmill: 러닝머신 (츄뤠d밀)

❽ dumbbell: 아령 (덤벨)

❾ adjust: 조정하다 (어d줘st)

009 이동하기 (교통수단)

이동하기 (교통수단)

3 핵심표현

I can drive a car.
아이 캔 쥬롸이v 어 칼.

나는 운전을 할 수 있어.

Ⓐ **I can drive a car.**
아이 캔 쥬롸이v 어 칼.

나는 운전을 할 수 있어.

Ⓑ **Me too.**
미투.

나도 그래.

I can ride a bicycle.
아이 캔 롸이d 어 바이씨클.

나는 자전거를 탈 수 있어.

Ⓐ **I can ride a bicycle.**
아이캔 롸이d 어 바이씨클.

나는 자전거를 탈 줄 알아.

Ⓑ **Really? I didn't know that.**
뤼얼리? 아이 디든노우 데(th)t.

정말? 나 몰랐어.

I need to take a cab/bus/train/plane.
아이 니투 테이k 어 캐b/버s/츄뤠인/플레인.

나는 택시/버스/기차/비행기를 잡아야 해.

Ⓐ **How will you go there?**
하우 윌유 고우 데(th)얼?

거기 어떻게 갈 거야?

Ⓑ **I need to take a train.**
아이 니투 테이k 어 츄뤠인.

나는 기차를 잡아야 해.

Let's get on/off the bus/train/plane.
레(L)ts 게론/게로f 더(th) 버s/츄뤠인/플레인.

버스/기차/비행기 타자/내리자.

Let's get in/out of the taxi/cab.
레(L)ts 겟 인/아우로v 더(th) 텍씨/캐b.

택시를 타자/내리자.

How do you go to school?
하우 두유 고우 투 스꿀?

너는 어떻게 학교에 가니?

I go to school on foot.
아이 고우 투 스꿀 온 푸(f)t.

난 학교에 걸어서 가.

I go to school by bus/car/train.
아이 고우 투 스꿀 바이 버s/캄/츄뤠인.

나는 버스/차/기차를 타고 학교에 가.

I use public transportation.
아이 유z 퍼블리k 츄랜s폴테이션.

난 대중교통을 이용해.

❶ boat: 보트 (보우t) ❷ tram: 전차 (츄램)

❸ helicopter: 헬리콥터 (헬리콥털) ❹ truck: 트럭 (츄러k)

❺ motorbike: 오토바이 (모럴바이k) ❻ ship: 배 (쉬p)

❼ yacht: 요트 (야~t) ❽ start: 출발하다 (스딸t)

❾ stop: 멈추다 (스따p)

010 음식 주문하기

3 핵심표현

I have a reservation under the name ~.
아이 해v 어 뤠절베(v)이션 언덜 더(th) 네임 ~.

~라는 이름으로 예약했습니다.

ⓐ Can I help you?
캐나이 헬쀼?

무엇을 도와드릴까요?

ⓑ I have a reservation under the name K.
아이 해v 어 뤠절베(v)이션 언덜 더(th) 네임 케이.

K라는 이름으로 예약했습니다.

Can I get ~, please?
캐나이 게t ~, 플리z?

~ 좀 주실 수 있어요?

ⓐ Can I get some coffee, please?
캐나이 게t 썸 커피(f), 플리z?

커피 좀 주실 수 있어요?

ⓑ Sure.
슈얼.

물론이죠.

I'll have ~, please.
아일 해v ~, 플리z.

~ 주세요.

ⓐ What would you like to eat?
왓 우쥴라익투 이~t?

무엇을 드시겠습니까?

ⓑ I'd like to have a hamburger, please.
아이들라익투 해v 어 햄벌걸, 플리z.

햄버거 하나 주세요.

1 **What do you want to order?**
왓 두유 원투 올덜?

무엇을 주문하시겠어요?

2 **What would you recommend?**
왓 우쥬 뤠커멘d?

무엇을 추천하세요?

3 **Can I get my check/bill, please?**
케나이 게t 마이 췌k/빌 플리z?

계산서 좀 주시겠어요?

4 **Here it is.**
히어리리s.

여기 있습니다.

5 **Where is the restroom?**
웨얼 이z 더(th) 뤠st룸?

화장실이 어디예요?

6 **May I see the menu?**
메아이 씨 더(th) 메뉴?

메뉴 좀 볼 수 있을까요?

❶ **vegan** 유제품도 안 먹는 채식주의자 (비(v)건)

❷ **vegetarian**: 채식주의자 (배(v)지테리언)

❸ **starter**: 전채요리 (스딸털)　　❹ **main menu**: 주 메뉴 (메인메뉴)

❺ **dessert**: 디저트 (디절t)　　❻ **salad**: 샐러드 (쎌러d)

❼ **meat**: 고기 (미~t)　　❽ **chicken**: 치킨 (취낀)

❾ **beef**: 소고기 (비~f)

011

병원 가기

3 핵심표현

I'd like to see a doctor.
아이들라익투 씨 어 닥털.

의사를 보러 (진료받으려고) 왔어요.

Ⓐ **How can I help you?**
하우 캔아이 헬퓨?

무엇을 도와드릴까요?

Ⓑ **I'd like to see a doctor.**
아이들라익투 씨 어 닥털.

의사를 보러 왔어요.

I'm having difficulty ~ (동사+ing).
아임 해빙(v) 디피(f)컬티 ~.

~하는 게 어려워요.

Ⓐ **What are your symptoms?**
와럴유얼 씸톰z?

증상이 뭐세요?

Ⓑ **I'm having difficulty breathing.**
아임 해빙(v) 디피(f)컬티 브리딩(th).

숨 쉬는 게 어려워요.

I've got a pain in my ~.
아이v 가러페인 인 마이 ~.

신체부위 ~이 아파요.

Ⓐ **What are your symptoms?**
와럴유얼 씸톰z?

증상이 뭐세요?

Ⓑ **I've got a pain in my back.**
아이v 가러페인 인 마이 베k.

허리가 아파요.

1 **I've got a sour throat.**
아이v 가러 싸월 뜨(th)로우t.

목감기에 걸렸어요.

2 **Am I going to need surgery?**
엠 아이 고잉투 니~d 썰쥐리?

수술이 필요한가요?

3 **My eyes are itching.**
마이 아이z 얼 이칭.

눈이 가려워요.

4 **His jaw is dislocated.**
히s 좌 이z 디쓸로케이터d.

그는 턱이 빠졌어요.

5 **I twisted/sprained my ankle up.**
아이 트위스띠d/스쁘뤠인d 마이 앵끌 어p.

발목을 삐었어요.

6 **My ankle is swelling up.**
마이 앵끌 이z 스웰링 어p.

제 발목이 붓고 있어요.

자주 쓰이는 병에 관련된 단어 **9**

❶ headache: 두통 (헤레이k)　❷ backache: 허리통 (베게이k)

❸ cough: 기침 (코f)　❹ diarrhea: 설사 (다이어뤼아)

❺ cancer: 암 (캔슬)　❻ cold: 감기 (콜d)

❼ asthma: 천식 (에z마)　❽ burns: 화상 (번s)

❾ swollen ankle: 부은 발목 (스월른 엥끌)

은행 가기

3 핵심표현

I'd like to open an account.
아이들라익투 오쁜 언 어카운t.

계좌를 만들고 싶어요.

Ⓐ How can I help you?
하우 케나이 헬쀼?

무엇을 도와드릴까요?

Ⓑ I'd like to open an account.
아이들라익투 오쁜 언 어카운t.

계좌를 만들고 싶어요.

I'd like to withdraw ~, please.
아이들라익투 위th쥬뤄 ~, 플리z.

~을 인출하고 싶습니다.

Ⓐ Can I help you?
캐나이 헬쀼?

도와드릴 일 있나요?

Ⓑ I'd like to withdraw 100 dollars.
아이들라익투 위th쥬뤄 원 헌쥬쀄d 달럴s.

100달러를 인출하고 싶습니다.

I'd like to transfer 돈 into 계좌.
아이들라익투 츄랜s펄(f) 돈 인투 계좌.

계좌로 돈을 이체하겠습니다.

Ⓐ I'd like to transfer $1 into this account.
아이들라익투 츄랜s펄(f) 원 달럴 인투 디(th)s 어카운t.

1달러를 이 계좌로 이체하겠습니다.

Ⓑ Ok, sir.
오케이, 썰.

네, 알겠습니다.

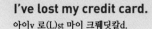

추가표현 **6**

1
I've lost my credit card.
아이v 로(L)st 마이 크뤠딧칼d.

제 신용카드를 잃어버렸어요.

2
I've forgot the password for my card.
아이v 폴(f)갓 더(t) 페s월d 폴(f) 마이 칼d.

제 카드 비밀번호를 잊어먹었어요.

3
Please insert your card.
플리z 인썰t 유얼 칼d.

카드를 넣어주십시오.

4
Enter your PIN number.
엔털 유얼 핀 넘벌.

PIN 번호를 입력하시오.

5
I want to check my balance.
아이 원투 췌k 마이 밸런s.

잔고를 확인하고 싶습니다.

6
Remove card.
뤼무v 칼d.

카드를 뺍니다.

은행에서 자주 쓰이는 단어

❶ enter: 넣다 (엔털)　　　　❷ cancel: 취소하다 (캔쓸)

❸ cash: 현금 (캐sh)　　　　❹ ATM: 현금지급기 (에이티엠)

❺ bank: 은행 (뱅k)　　　　❻ passport: 여권 (페s폴t)

❼ euro: 유로 (유로)　　　　❽ dollar: 달러 (달럴)

❾ ID(identification): 신원 (아이디/아이덴티피(f)케이션)

013

학교 가기
(초중고)

3
핵심표현

I go to primary/middle/high school.
아이 고우 투 프롸이메뤼/미들/하이 스꿀.

나는 초등/중/고등학교에 가.

Ⓐ What do you do on weekdays?
왓 두유 두 온 위k데이z?

너는 주중에 뭐해?

Ⓑ I go to middle school.
아이 고우 투 미들 스꿀.

나는 중학교에 다녀.

What year are you?
왓 이얼 얼유?

넌 몇 학년이야?

Ⓐ What year are you?
왓 이얼 얼유?

넌 몇 학년이야?

Ⓑ I am a second grader.
아이에머 쎄컨d 그뤠이럴.

저는 2학년입니다.

My marks are above/below average.
마이 말ks 얼 어버v/빌러우 에버(v)리지.

내 성적은 평균 이상/이하야.

Ⓐ Are your marks good?
얼 유얼 말ks 구d?

너는 성적이 좋니?

Ⓑ My marks are above average.
마이 말ks 얼 어버v 에버(v)리지.

내 성적은 평균 이상이야.

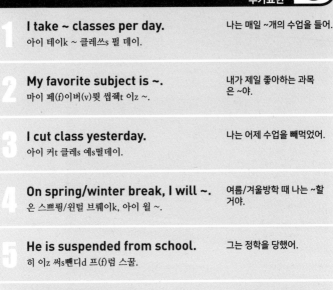

1 I take ~ classes per day.
아이 테이k ~ 클레쓰s 펄 데이.

나는 매일 ~개의 수업을 들어.

2 My favorite subject is ~.
마이 페(f)이버(v)릿 썹젝t 이z ~.

내가 제일 좋아하는 과목은 ~야.

3 I cut class yesterday.
아이 커t 클레s 예s털데이.

나는 어제 수업을 빼먹었어.

4 On spring/winter break, I will ~.
온 스쁘륑/윈털 브뤠이k, 아이 윌 ~.

여름/겨울방학 때 나는 ~할 거야.

5 He is suspended from school.
히 이z 써s뺀디d 프(f)럼 스쿨.

그는 정학을 당했어.

6 I dropped out of school.
아이 쥬랍d 아우로v 스쿨.

나는 학교를 중퇴했어.

학교와 관련해서 자주 쓰이는 단어 9

① entrance ceremony: 입학식 (엔츄런s 쎌머니)
② graduate ceremony: 졸업식 (그뤠쥬에이t 쎌머니)
③ teacher's pet: 선생님 마음에 드는 학생 (티쳘s펫t)
④ play hooky: 수업을 빼먹다 (플레이 후끼)
⑤ semester: 학기 (써메s털)
⑥ principal: 교장 (프린씨펄)
⑦ attendance: 출석 (어텐던s)
⑧ bookworm: 책벌레 (부k웜)
⑨ deadline: 마감일 (데d라인)

O14

학교 가기
(대학교)

 핵심표현

What's your major?
와ts 유얼 메이줠?

전공이 뭐야?

Ⓐ **What's your major?**
와ts 유얼 메이줠?

전공이 뭐야?

Ⓑ **My major is psychology.**
마이 메이줠 이z 싸이컬러지.

내 전공은 심리학이야.

I live on/off campus.
아이 리(L)v 온/오f 캠퍼s.

저는 캠퍼스 안에/밖에 살아요.

Ⓐ **Where do you live?**
웨얼 두유 리(L)v?

어디 살아요?

Ⓑ **I live on campus.**
아이 리(L)v 온 캠퍼s.

저는 캠퍼스 안에 살아요.

I take ~ course.
아이 테이k ~ 코얼s.

나는 ~ 수업을 들어.

Ⓐ **What course do you take today?**
왓 코얼s 두유 테이k 투데이?

너는 오늘 무슨 수업을 들어?

Ⓑ **I take Japanese course today.**
아이 테이k 좌페니s 코얼s 투데이.

나는 오늘 일본어 수업을 들어.

1 I want to apply for ~ university. 나는 ~ 대학교에 지원하고 싶어.
아이 원투 어플라이 폴(f) ~ 유니벌(v)씨티.

2 I want to sign up for the course. 나는 그 수업을 신청하고 싶어.
아이 원투 싸인업 폴(f) 더(th) 코열s.

3 I want to cancel the course. 나는 그 수업을 취소하고 싶어.
아이 원투 켄쓸 더(th) 코열s.

4 I think I am learning it by rote. 그냥 기계적으로 외우는 것 같아.
아이 띵(th)k 아이엠 럴(L)닝 이t 바이 로우t.

5 I cranked out a paper. 나는 리포트를 되는대로 빨리 썼어.
아이 크뤵k프 아우러 페이빨.

6 I will graduate this/next year. 나는 올해/내년에 졸업할 거야.
아이 윌 그뤠쥬에이t 디(th)s/넥st 이얼.

❶ undergraduate program: 학사 (언덜그뤠쥬에이t 프로그램)
❷ graduate program: 석사 (그뤠쥬에이t 프로그램)
❸ accommodation: 숙박시설 (어커머데이션)
❹ catch up with: 따라잡다 (케ch업 위th)
❺ dormitory: 기숙사 (돌미터뤼) ❻ apartment: 아파트 (어팥t먼트)
❼ faculty: 교수진 (페(f)컬티) ❽ exam: 시험 (익젬)
❾ submit: 제출하다 (써b밋)

015

여행하기
(공항, 비행기에서)

3 핵심표현

I am traveling for ~.
아임 츄뤠블(v)링 폴(f) ~.

저는 ~ 때문에 여행 갑니다.

ⓐ What are you traveling for?
와럴유 츄뤠블(v)링 폴(f)?

무엇 때문에 여행 가시죠?

ⓑ I am traveling for leisure/work.
아임 츄뤠블(v)링 폴(f) 리졀/월k.

저는 휴가/일 때문에 여행 갑니다.

Where is ~?
웨얼 이z ~?

~ 어디에 있어요?

ⓐ Where is my gate?
웨얼 이z 마이 게이t?

제 게이트 어디에 있어요?

ⓑ Turn left and go straight.
턴 레(L)ft 엔 고우 스츄뤠이t.

왼쪽으로 돌아서 쭉 가세요.

I am staying at ~.
아임 스떼잉 엣 ~.

저는 ~에 머뭅니다.

ⓐ Where will you stay?
웨얼 윌유 스떼이?

어디에 머무실 거죠?

ⓑ I am staying at New York.
아임 스떼잉 엣 뉴욜k.

저는 뉴욕에 머뭅니다.

1 **I'd like a window/an aisle seat please.** 창문/복도 쪽 자리 주
아이들라이k 어윈도우씨~t/언아일씨~t 플리z. 세요.

2 **Is there any first-class seat available?** 1등석 자리 있나요?
이z 데(th)얼 에니 펄(f)st 클레s 씨~t 어베(v)일러블?

3 **Can I have (some) coffee please?** 커피 좀 주실 수 있어요?
케나이 해v (썸) 커피(f) 플리z?

4 **How much is this perfume?** 이 향수 얼마예요?
하우머ch 이z 디(th)s 펄퓸(f)?

5 **My screen is not working.** 제 모니터가 작동을 안
마이 스크륀 이z 낫 월낑. 해요.

6 **My luggage is lost.** 제 짐이 없어졌어요.
마이 러(L)기쥐 이z 로(L)st.

❶ check in: 탑승수속하다 (쳌낀) ❷ claim: 짐을 찾다 (클레임)

❸ stopover: 머묾 (스땁오벌(v)) ❹ visa: 비자 (비(v)사)

❺ gate: 게이트 (게이t) ❻ carousel: 수하물 벨트 (캐러쎌)

❼ customs: 세관 (커스떰s) ❽ delayed: 지연 (딜레이d)

❾ on time: 정각에 (온 타임)

O16

여행하기 (여행 중에)

핵심표현

Excuse me, can I ask you something?
익스큐s미, 캐나이 에s큐 썸띵(th)?

저기, 뭐 좀 물어봐도 될까요?

Ⓐ **Excuse me, can I ask you something?**
익스큐s미, 캐나이 에스큐 썸띵(th)?

저기, 뭐 좀 물어봐도 될까요?

Ⓑ **Of course.**
옵코얼s

당연하죠.

How do I get to ~?
하우 두 아이 겟투 ~?

~ 어떻게 가죠?

Ⓐ **How do I get to the AB Museum?**
하우 두 아이 겟투 디(th) 에이비 뮤지엄?

에이비 박물관에 어떻게 가죠?

Ⓑ **You need to take a train.**
유 니투 테이k 어 츄뛔인.

기차를 타야 해요.

How far is it to ~?
하우 팔(f) 이z잇투 ~?

~까지 얼마나 멀어요?

Ⓐ **How far is it to the school?**
하우 팔(f) 이z잇투 더(th) 스꿀?

학교까지 얼마나 멀어요?

Ⓑ **It takes thirty minutes by bus.**
잇 테익s 떠(th)리 미니ts 바이 버s.

버스로 30분 걸려요.

1
I am from ~.
아임 프(f)럼 ~.
저는 ~에서 왔어요.

2
Sorry, I don't understand.
쏘뤼, 아이돈 언덜쓰뗀d.
죄송해요 이해가 안 돼요.

3
Could you speak slowly?
쿠쥬 스삐k 슬로올리?
천천히 말해주시겠어요?

4
I am with my friends/family.
아임 위th 마이 프(f)렌z/페(f)멀리.
친구/가족들이랑 왔어요.

5
I came alone.
아이 케임 얼로운.
난 혼자 왔어.

6
I have lost my passport/wallet/~.
아이 해v 로(L)st 마이 페s폴t/월렛t/~.
제 여권/지갑/~을 잊어버렸어요.

❶ museum: 박물관 (뮤지엄)

❷ concert: 콘서트 (콘썰t)

❸ café: 카페 (카페(f)이)

❹ restaurant: 식당 (뤠스토롼t)

❺ mountain: 산 (마운튼)

❻ sea: 바다 (씨~)

❼ street: 거리 (스츄뤼t)

❽ university: 대학 (유니벌(v)씨티)

❾ amusement park: 놀이공원 (어뮤z먼t팔k)

017 영화 보기

3 핵심표현

What's at the cinema?
와ts 엣떠(th) 씨네마?

영화관에 뭐 상영해?

ⓐ What's at the cinema?
와ts 엣떠(th) 씨네마?

영화관에 뭐 상영해?

ⓑ Iron man.
아이언맨.

아이언 맨.

~ was released.
~ 워z 륄리스t.

~ 개봉했어.

ⓐ Why are you so happy?
와이 얼유 쏘 해삐?

왜 그렇게 행복하니?

ⓑ Infinity War was released.
인피(f)니티월 워z 륄리스t.

인피니티워가 개봉했어.

I'd like 숫자 ticket(s) for ~ at 시간.
아이들라익 숫자 티케t 폴(f) ~엣 시간.

시간 ~ 숫자장 주세요.

ⓐ How can I help you?
하우 케나이 핼쀼?

무엇을 도와드릴까요?

ⓑ I'd like 2 tickets for Ben-Hur at 6 pm.
아이들라익 투 티켓ts 폴(f) 번헐 엣 씩s 피엠.

6시 벤허 2장 주세요.

추가표현 6

1
Have you seen ~?
해뷰(v)씬 ~?
~ 본 적 있어?

2
All tickets are sold out.
올 티케ts 얼 쏠다우t.
모든 표가 팔렸습니다.

3
What time do you want to see?
왓타임 두유 원투 씨?
언제 보고 싶어?

4
I want to sit here/there.
아이 원투 씨t 히얼/데(th)얼.
여기/저기 앉고 싶습니다.

5
Shall we get some popcorn?
쉘 위 겟썸 팝콘?
우리 팝콘 먹을까?

6
What do you think?
왓 두유 띵(th)k?
(영화) 어땠어?

영화 관련해서 자주 쓰이는 단어 9

❶ romantic comedy: 로맨틱 코미디 (로맨티k 커미리)
❷ science fiction: 공상과학 (싸이언s 픽(f)션)
❸ animation: 애니메이션 (에니메이션)
❹ documentary: 다큐멘터리 (다큐맨터리)
❺ thriller: 스릴러 (뜨(th)릴럴)　　❻ comedy: 코미디 (커미리)
❼ horror: 공포 (호럴)　　❽ western: 서부 (웨스턴)
❾ war film: 전쟁 (월 필(f)름)

49

018 제안하기

3 핵심표현

Let's ~.
레(L)ts ~.

~하자.

Ⓐ **Let's play soccer.**
레(L)ts 플레이 싸컬.

축구하자.

Ⓑ **That's a great idea!**
뎃(th)처 그뤠잇 아이디어!

좋은 생각이야!

How about ~ (동사+ing)?
하우 어바웃 ~?

~하는 거 어때?

Ⓐ **How about opening the window?**
하우 어바웃 오쁘닝 더(th) 윈도우?

창문 여는 거 어때?

Ⓑ **Ok, I will open it.**
오케이 아이 윌 오쁜 잇t.

응, 내가 열게.

Why don't you/we ~?
와이 돈 츄/위 ~?

너/우리 ~하는 게 어때?

Ⓐ **Do you have any good idea?**
두유 해v 에니 굿 아이디어?

좋은 생각 있어?

Ⓑ **Why don't you talk to him?**
와이 돈 츄 톡투 힘?

그에게 말해보는 거 어때?

1 **I think 대상 should ~.**
아이 띵(th)k 대상 슈d ~.
내 생각엔 대상은 ~해야 해.

2 **Can 주어 ~?**
캔 주어 ~?
주어 ~하면 안 돼요?

3 **If I were you, I would ~.**
이f 아이월유, 아이 우d ~.
내가 너라면 ~할 거야.

4 **You might want to ~.**
유 마잇원투 ~.
~하는 게 어때?

5 **Is it ok for me/you to ~?**
이z 잇 오케이 폴(f) 미/유 투 ~?
내가/너 ~하는 거 괜찮아?

6 **You must ~.**
유 머st ~.
너 ~ 꼭 해야 해.

❶ **opinion**: 의견 (오피니언)　　❷ **idea**: 생각 (아이디어)

❸ **thought**: 생각 (또(th)t)　　❹ **perspective**: 관점 (펄s펙티v)

❺ **angle**: 각도 (엥글)　　❻ **view**: 관점 (뷰(v))

❼ **of course**: 당연하지 (옵코얼s)　　❽ **great**: 좋아 (그뤠이t)

❾ **sure**: 물론이지 (슈얼)

청소하기

핵심표현

I have to clean up ~.
아이 해v투 클린어p ~.

나는 ~을 청소해야 해.

Ⓐ I have to clean up the room.
아이 해v투 클린어p 더(th) 룸.

나는 방을 청소해야 해.

Ⓑ I know. The room is too messy.
아이노우. 더(th) 룸 이z 투 메씨.

알아. 그 방 너무 더러워.

I have to do the dishes.
아이 해v투 두 더(th)디쉬s.

나는 설거지를 해야 해.

Ⓐ I have to do the dishes.
아이 해v투 두 더(th)디쉬s.

나는 설거지를 해야 해.

Ⓑ Let me help you.
레(L)t 미 헬쀼.

내가 도와줄게.

I have to do the laundry.
아이 해v투 두 더(th) 런(L)쥬뤼.

나는 세탁을 해야 해.

Ⓐ I have to do the laundry.
아이 해v투 두 더(th) 런(L)쥬뤼.

나는 세탁을 해야 해.

Ⓑ I will do the dishes.
아이 윌 두 더(th) 디쉬s.

나는 설거지 할게.

추가표현 6

1
I have to sweep ~ with the broom. 나는 비로 ~을 쓸어야 해.
아이 해v투 스위~p ~ 윗 떠(th) 브룸.

2
I have to mop the floor. 나는 걸레질해야 해.
아이 해v투 마p 더(th) 플(f)로얼.

3
I do chores every day. 나는 매일 잡일을 해.
아이 두 쵸얼s 에브(v)리 데이.

4
You need to arrange books. 너 책 좀 정돈해야겠다.
유 니투 어뤠인지 북s.

5
I will vacuum the floor. 나는 청소기를 돌릴 거야.
아이 윌 베(v)큠 더 플(f)로얼.

6
We should separate garbage. 우리는 쓰레기를 분류해야 해.
위 슛 세퍼뤼t 갈비지.

자주 쓰이는 단어 9

❶ rinse: 헹구다 (륀s)　　❷ mop: 걸레질하다 (마p)

❸ detergent: 세제 (디털줜t)　　❹ wax: 왁스 (웩s)

❺ open/close window: 창문 열어/닫아 (오픈/클로우z 윈도우)

❻ do/run errands: 심부름하다 (두/뤈 에뤤z)

❼ vacuum cleaner: 청소기 (베(v)큠 클리널)

❽ dishwasher: 식기세척기 (디sh워셜)

❾ toilet brush: 변기솔 (토일렛 브러sh)

동의 /
반대하기

3 핵심표현

I am with you.
아임 위th 유.

동의해.

Ⓐ **We have to clean our house.**
위 해v투 클린 아월 하우s.

우리는 우리 집을 청소해야 해.

Ⓑ **I am with you.**
아임 위th 유.

동의해.

I agree with you.
아이 어그뤼 위th 유.

나는 너의 의견에 동의해.

Ⓐ **He has to quit the job.**
히 해z투 쿠잇 떠(th) 좝.

그는 직장을 그만두어야 해.

Ⓑ **I agree with you.**
아이 어그뤼 위th 유.

나는 너의 의견에 동의해.

I think so too.
아이 띵(th)쏘 투.

나도 같은 생각이야.

Ⓐ **I think he is so smart.**
아이 띵(th)k 히 이z 쏘 스말t.

내 생각에 그는 정말 똑똑해.

Ⓑ **I think so too.**
아이 띵(th)쏘 투.

나도 같은 생각이야.

1 I don't think so.
아이 돈 띵(th)쏘.

나는 그렇게 생각하지 않아.

2 I am not sure about that.
아임 나t 슈얼 어바웃 데(th)t.

글쎄 그건 잘 모르겠는데.

3 Not necessarily.
낫 네써쎄륄리.

꼭 그런 건 아니야.

4 It depends.
잇 디펜z.

경우에 따라 다르지.

5 I am afraid I disagree.
아임 어프(f)뤠이d 아이 디s어그뤼.

미안하지만 난 반대야.

6 No way.
노우웨이.

말도 안 돼.

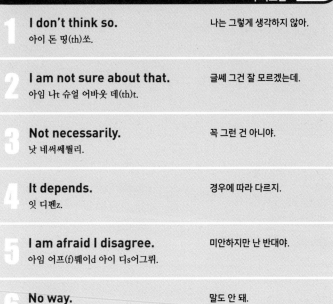

동의할 때 자주 쓰이는 부사 9

① exactly: 정확히 (익제클리) ② definitely: 확실히 (데피(f)니틀리)

③ totally: 완벽히 (토를리) ④ all the time: 항상 (올 더 타임)

⑤ fully: 완전히 (풀(f)리) ⑥ completely: 완전히 (컴플리뜰리)

⑦ partly: 부분적으로 (팔뜰리) ⑧ sometimes: 가끔 (썸타임z)

⑨ absolutely: 절대적으로 (엡쏠루뜰리)

55

PART

02

관계 쌓기 영어

·················

O21 소개하기

3 핵심표현

Let me introduce myself.
레(L)t 미 인츄로듀s 마이셀f.

제 소개를 하겠습니다.

Ⓐ Let me introduce myself.
레(L)t 미 인츄로듀s 마이셀f.

제 소개를 하겠습니다.

Ⓑ Ok.
오케이.

네 알겠습니다.

My name is ~.
마이 네임 이z ~.

제 이름은 ~입니다.

Ⓐ What's your name?
와ts 유얼 네임?

이름이 뭐예요?

Ⓑ My name is Jenny.
마이 네임 이z 제니.

제 이름은 제니입니다.

I am from ~.
아임 프(f)럼 ~.

저는 ~에서 왔습니다.

Ⓐ Where are you from?
웨얼 얼유 프(f)럼?

어디서 오셨어요?

Ⓑ I am from Seoul.
아임 프(f)럼 써울.

저는 서울에서 왔습니다.

1 I am a/an 직업 at 장소.
아임 어/언 직업 엣 장소.

나는 장소에서 일하는 직업이야.

2 My hobby is to ~.
마이 하비 이z 투 ~.

내 취미는 ~야.

3 Do you live around here?
두유 리(L)v 어롸운d 히얼?

이 근처에 사세요?

4 What do you do for living?
왓 두유 두 폴(f) 리(L)빙(v)?

무슨 일 하세요?

5 My hobby is to play the piano.
마이 하비 이z 투 플레이 더(th) 피에노.

내 취미는 피아노 치기야.

6 What's your job?
와ts 유얼 좝?

직업이 뭐예요?

❶ student: 학생 (스튜던t) ❷ teacher: 선생님 (티쳘)

❸ professor: 교수 (프로페(f)쎨) ❹ singer: 가수 (씽얼)

❺ lawyer: 변호사 (로(L)이얼) ❻ designer: 디자이너 (디자이널)

❼ doctor: 의사 (닥털) ❽ dancer: 댄서 (댄쎨)

❾ engineer: 기사 (엔지니얼)

O22 칭찬하기

3 핵심표현

You look so ~.
율룩쏘 ~.

너 정말 ~해 보인다.

Ⓐ You look so beautiful.
율룩쏘 뷰리풀(f).

너 정말 아름다워 보인다.

Ⓑ Thanks!
땡(th)s!

고마워!

You are a really good ~.
유어러 뤼얼리 굿 ~.

넌 정말 훌륭한 ~야.

Ⓐ You are a really good singer.
유어러 뤼얼리 굿 씽얼.

넌 정말 훌륭한 가수야.

Ⓑ Thank you very much!
땡(th)큐 베(v)뤼 머ch!

정말 고마워!

I am so proud of you.
아임 쏘 프롸우d 오v 유.

네가 정말 자랑스러워.

Ⓐ I am so proud of you.
아임 쏘 프롸우d 오v 유.

네가 정말 자랑스러워.

Ⓑ Really?
뤼얼리?

정말?

추가표현 **6**

1 **You are so good at ~.**
유얼 쏘 구렛 ~.

너는 ~ 정말 잘하는구나.

2 **You are amazing!**
유얼 어러메이징!

너 정말 놀랍다!

3 **You are so talented!**
유얼 쏘 텔런티d!

너 정말 재능 있다!

4 **What a lovely ~! 예) voice**
와러 러(L)블(v)리 ~!

정말 아름다운 ~다! 예) 목소리

5 **I like your ~! 예) performance**
아일라이k 유얼 ~!

너의 ~ 정말 좋다! 예) 공연

6 **Good job!**
굿좝!

잘했어!

칭찬할 때 자주 쓰이는 단어 **9**

❶ beautiful: 아름다운 (뷰리풀(f)) ❷ pretty: 예쁜 (프리티)

❸ handsome: 잘생긴 (핸썸) ❹ cool: 멋진 (쿨)

❺ attractive: 매력적인 (어츄렉티v) ❻ strong: 강한 (스츄롱)

❼ intelligent: 머리 좋은 (인텔리젼t) ❽ smart: 똑똑한 (스말t)

❾ good-looking: 인물 좋은 (굿루(L)낑)

O23 사과하기

3 핵심표현

I am sorry.
아임 쏘뤼.

미안합니다.

Ⓐ I am sorry.
아임 쏘뤼.

미안합니다.

Ⓑ No worries.
노워뤼s.

괜찮아요.

Apologies for ~.
어팔러쥐s 폴(f) ~.

~ 때문에 미안합니다.

Ⓐ Apologies for the delay.
어팔러쥐s 폴(f) 더(th) 딜레이.

늦어져서 죄송합니다.

Ⓑ It's ok.
이ts 오케이.

괜찮아요.

This is my fault.
디(th)씨s 마이 펄(f)t.

제 잘못이에요.

Ⓐ This is my fault.
디(th)씨s 마이 펄(f)t.

제 잘못이에요.

Ⓑ I know.
아이 노우.

나도 알아.

1 **I feel bad.**
아이 필(f) 베d.
미안해요.

2 **Please forgive me.**
플리z 폴(f)기v 미.
용서해주세요.

3 **My bad.**
마이베d.
내가 잘못했어.

4 **Apology accepted.**
어팔러쉬 억쎕티d.
사과받을게.

5 **Never mind.**
네벌(v)마인d.
신경 쓰지 마. (괜찮아)

6 **I am fine.**
아임 파(f)인.
괜찮아.

① break: 어기다 (브뤠이k)   ② ruin: 망치다 (루인)

③ annoy: 짜증나게 하다 (어노이)   ④ disturb: 방해하다 (디s떨b)

⑤ interrupt: 방해하다 (인터뤕t)   ⑥ damage: 손해 (데미지)

⑦ bother: 괴롭히다 (바덜(th))   ⑧ harm: 손해를 끼치다 (하암)

⑨ distract: 어수선하게 하다 (디s츄렉t)

농담에 반응하기

3 핵심표현

That's so funny!
데(th)ts 쏘 퍼(f)니!

정말 재미있다!

Ⓐ ..., so I shouted.
…, 쏘 아이 쇼우리d.

그래서 소리쳤습니다.

Ⓑ That's so funny!
데(th)ts 쏘 퍼(f)니!

정말 재미있다!

You are so funny!
유얼 쏘 퍼(f)니!

너 정말 재미있다!

Ⓐ ..., so I played hooky.
…, 쏘 아이 플레이d 후끼.

그래서 수업 땡땡이 쳤어.

Ⓑ You are so funny!
유얼 쏘 퍼(f)니!

너 정말 재미있다!

You are so humorous.
유얼 쏘 휴머뤄s.

너 정말 유머 있다.

Ⓐ ..., so I cried out.
… 쏘 아이 크라이d 아우t.

그래서 나 울었어.

Ⓑ You are so humorous.
유얼 쏘 휴머뤄s.

너 정말 유머 있다.

1 **That's a good one.**
뎃(th)처 구d 원.

오! 그거 웃기다.

2 **I'm sorry, I don't get it.**
아임 쏘뤼, 아이 돈 게리t.

미안한데 이해가 안 돼.

3 **Is that a joke?**
이z 데(th)러 조우k?

그거 농담이니?

4 **That's not funny.**
데(th)ts 낫 퍼(f)니.

웃기진 않다.

5 **Please.**
플리z.

제발 (하지 마).

6 **That's not right.**
데(th)ts 낫 롸이t.

그건 좀 아닌데.

웃음에 관련된 자주 쓰이는 단어 **9**

❶ hilarious: 웃긴 (힐레뤼어s)

❷ entertaining: 재밌는 (엔털테이닝)

❸ playful: 장난기 많은 (플레이플(f))

❹ humorous: 유머 있는 (휴머뤄s)

❺ giggle: 킥킥 웃다 (기글)

❻ grin: 활짝 웃다 (그륀)

❼ smirk: 히죽히죽 웃다 (스멀k)

❽ laugh: 웃다 (레(L)f)

❾ smile: 미소 짓다 (스마일)

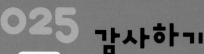

감사하기

3 핵심표현

Thanks a lot!
땡(th)s 얼라t!

정말 고마워!

Ⓐ **You are so beautiful today.**
유얼 쏘 뷰리풀(f) 투데이.

너 오늘 정말 예쁘다.

Ⓑ **Thanks a lot!**
땡(th)s 얼라t!

정말 고마워!

Thank you very/so much!
땡(th)큐 베(v)뤼/쏘 머ch!

정말 고마워!

Ⓐ **I'll help you.**
아일 핼쀼.

내가 도와줄게.

Ⓑ **Thank you very much!**
땡(th)큐 베(v)뤼 머ch!

정말 고마워!

I really appreciate your help.
아이 뤼얼리 어프리쉬에이t 유얼 핼p.

도와줘서 정말 고마워.

Ⓐ **I really appreciate your help.**
아이 뤼얼리 어프리쉬에이t 유얼 핼p.

도와줘서 정말 고마워.

Ⓑ **It's nothing.**
이ts 나띵(th).

별거 아니야.

1

I can't thank you enough.
아이 캔t 땡(th)큐 이너f.

어떻게 감사해야 할지 모르겠다.

2

I really appreciate that.
아이 뤼얼리 어프리쉬에잇 뗏(th).

그것에 대해 정말 고마워.

3

It means a lot to me.
잇 민z 얼랏 투미.

나한테 (너의 도움이) 정말 큰 거야.

4

I owe you one.
아이 오우유 원.

너한테 빚졌다.

5

My pleasure.
마이 플레졀.

내 기쁨이야.

6

It's nothing.
이ts 나띵(th).

별거 아니야.

❶ help: 돕다 (핼p)

❷ assist: 돕다 (어씨st)

❸ aid: 돕다 (에이d)

❹ serve: 섬기다 (썰v)

❺ support: 지지하다 (써폴t)

❻ remedy: 치료하다 (뤠머디)

❼ heal: 치료하다 (힐)

❽ counsel: 상담하다 (카운썰)

❾ comfort: 위안을 주다 (컴펄(f)t)

026 전화받기

3 핵심표현

(일반적인 대답) Hello!
헬로우!

여보세요!

Ⓐ **rrrrrr.....**
Rrrrrrr……

따르릉 따르릉……

Ⓑ **Hello!**
헬로우!

여보세요!

(착신자가 누군지 알 때) Hey! 별칭.
헤이! 별칭.

응! 별칭아.

Ⓐ **rrrrrr......**
Rrrrrrr……

따르릉 따르릉……

Ⓑ **Hey! Steve.**
헤이! 스띠v.

응! 스티브.

이름!
이름!

이름입니다!

Ⓐ **rrrrrr......**
Rrrrrrr……

따르릉 따르릉……

Ⓑ **Jason!**
줴이슨!

제이슨입니다!

1 **(격식을 차린 표현) This is 이름.**
디(th)씨s 이름.

이름입니다.

2 **(업무적인 표현) 소속 기관 이름.**
소속 기관 이름.

소속 기관 이름.

3 **Thank you for calling 기관.**
땡(th)큐 폴(f) 콜링 기관.

기관에 전화 주셔서 감사합니다.

4 **I am listening.**
아임 리(L)s닝.

말씀하세요.

5 **Who's calling?**
후s콜링?

전화하는 분 누구세요?

6 **Hang on a second.**
행온어쎄컨d.

잠시만 기다려봐.

❶ call: 전화하다 (콜)

❷ ring: 전화하다 (륑)

❸ phone: 전화하다 (폰(f))

❹ answer: 응답하다 (엔썰)

❺ hang up: 끊다 (행 어p)

❻ clear: 분명하다 (클리얼)

❼ voice: 목소리 (보(v)이s)

❽ volume: 음량 (볼(v)륨)

❾ connection: 연결 (컨넥션)

027 전화하기

3 핵심표현

(상대방이 자신의 목소리를 알 때) It's me.
이ts 미.

나야/저예요.

Ⓐ Hello!
헬로우!

여보세요!

Ⓑ It's me.
이ts 미.

저예요.

(상대방이 자신의 목소리를 모를 때) It's 이름!
이ts 이름!

나 이름이야!

Ⓐ Hello!
헬로우!

여보세요!

Ⓑ It's Susan!
이ts 수잔!

나 수잔이야!

(정식적 표현) This is 이름 from 소속.
디(th)씨s 이름 프(f)럼 소속.

소속의 이름입니다.

Ⓐ Hello!
헬로우!

여보세요!

Ⓑ This is detective Jason from AB.
디(th)씨s 디텍띠v 줴이슨 프(f)럼 에이비.

(안녕하세요) AB 형사 제이슨입니다.

1 **(수신자가 누군지 모를 때) Who is this?**
후 이z 디(th)s?

누구세요?

2 **Please call me back.**
플리z 콜미 베k.

다시 전화 주세요.

3 **Can I speak to ~, please?**
캐나이 스삑 투 ~ 플리z?

~와 전화할 수 있을까요?

4 **Please put him through.**
플리z 풋 힘 쓰(th)루.

그에게 전화 연결해줘.

5 **Is ~ there?**
이z ~ 데(th)얼?

~ 거기 있어요?

6 **I'd like to speak to ~.**
아이들라익투 스삑투 ~

~랑 통화하고 싶습니다.

전화에 관련된 자주 쓰이는 단어 **9**

❶ break: 끊기다 (브뤠이k) ❷ hear: 듣다 (히얼)

❸ broken: 고장난 (브로끈) ❹ function: 작동하다 (펑(f)션)

❺ fix: 고치다 (픽(f)s) ❻ repair: 고치다 (뤼페얼)

❼ slow: 느린 (슬로우) ❽ fast: 빠른 (페(f)st)

❾ malfunction: 오작동하다 (멜펑(f)션)

O28 고백하기 /받기

3 핵심표현

I've got a crush on you.
아이v 가러 크러sh 온유.

나 너한테 반했어.

Ⓐ **Why are you so kind to me?**
와이 얼유 쏘 카인투미?

나한테 왜 이렇게 친절하니?

Ⓑ **I've got a crush on you.**
아이v 가러 크러sh 온유.

나 너한테 반했어.

I am totally into you.
아임 토를리 인투유.

나 너한테 빠졌어.

Ⓐ **I am totally into you.**
아임 토를리 인투유.

나 너한테 빠졌어.

Ⓑ **Oh! Really?**
오! 뤼얼리?

오! 정말?

I am in love with you.
아임 인 러(L)v 위th 유.

나 너 좋아해.

Ⓐ **Do you love me?**
두유 러(L)v 미?

너 나 좋아하니?

Ⓑ **I am in love with you.**
아임 인 러(L)v 위th 유.

나 너 좋아해.

1

We are perfect for each other. 우리는 서로에게 완벽해.
위얼 펄펙(f)t 폴(f) 이취아덜(th).

2

I am crazy about you. 나는 너에게 완전히 빠졌어.
아임 크뤠이지 어바웃 유.

3

You complete me. 너는 나를 완전하게 해.
유 컴플리t 미.

4

We are soul mates. 우리는 천생연분이야.
위얼 쏘울메이ts.

5

I can't live without you. 난 너 없이 살 수 없어.
아이 캔t 리(L)v 위다(th)웃 유.

6

I kind of like you. 나 너 좋아하는 것 같아.
아이 카인더v 라(L)이큐.

❶ go out: 데이트하다 (고우 아우t)　❷ date: 데이트하다 (데이t)

❸ go steady: 연애하다 (고우 스떼디)　❹ couple: 커플 (커쁠)

❺ engage: 약혼하다 (인게이쥐)　❻ marriage: 결혼 (메뤼쥐)

❼ propose: 청혼 (프로포우z)　❽ relationship: 관계 (륄레이션쉬p)

❾ together: 함께 있는, 사귀는 (투게덜(th))

안부 묻기

3 핵심표현

How have you been?
하우 해v 유 빈?

잘 지냈어?

Ⓐ **How have you been?**
하우 해v 유 빈?

잘 지냈어?

Ⓑ **I have been busy.**
아이 해v 빈 비지.

좀 바빴어.

Long time no see.
롱타임 노우 씨.

오랜만이다.

Ⓐ **Long time no see.**
롱타임 노우 씨.

오랜만이다.

Ⓑ **How have you been?**
하우 해v 유 빈?

잘 지냈어?

How's your health?
하우z 유얼 헬스(th)?

건강은 좀 어때?

Ⓐ **How's your health?**
하우z 유얼 헬스(th)?

건강은 좀 어때?

Ⓑ **Very good.**
베(v)뤼 굿.

정말 좋아.

74

1 Is everything ok?
이z 에브(v)리띵(th) 오케이?

별일 없어?

2 Anything special?
에니띵(th) 스뻬셜?

특별한 일 있어?

3 I am glad/happy to hear that.
아임 글레d/해삐 투 히얼 뎃(th).

그 말 들으니 좋다.

4 I am sorry to hear that.
아임 쏘뤼 투 히얼 뎃(th).

정말 유감이야.

5 Are you kidding me?
얼유 키링미?

에이 농담이지?

6 Congratulations!
콩그뤠츌레이션스!

축하해!

① work out: 운동하다 (월까우t)　　**②** study: 공부하다 (스떠디)

③ work: 일하다 (월k)　　**④** practice: 연습하다 (프뢕티s)

⑤ learn: 배우다 (런(L))　　**⑥** date: 데이트하다 (데이t)

⑦ work on: ~에 전념하다 (월k온)　　**⑧** take a break: 쉬다 (테이꺼브뤠이k)

⑨ focus on: ~에 집중하다 (포(f)커스 온)

격려하기/
받기

핵심표현

You can do it!
유 캔 두위t!

넌 할 수 있어!

ⒶDo you think I can do it?
두유 띵(th)k 아이 캔 두위t?

내가 할 수 있을까?

ⒷYou can do it!
유 캔 두위t!

넌 할 수 있어!

Never give up.
네벌(v) 기v어p.

절대 포기하지 마.

ⒶI am so frustrated.
아임 쏘 프(f)러스츄뤠이리d.

나 너무 좌절했어.

ⒷNever give up.
네벌(v) 기v어p.

절대 포기하지 마.

Just go for it.
쥐st 고우 포(f)륏.

한번 해봐.

ⒶWhat do you think?
왓 두유 띵(th)k?

어떻게 생각해?

ⒷJust go for it.
쥐st 고우 포(f)륏.

한번 해봐.

1

Be strong.
비 스츄뤙.

강해져야 해.

2

Hang in there.
행 인 데(th)얼.

조금만 참아.

3

Keep up the good work.
킵뻡 꿔(th) 구d 월k.

계속 그렇게 해.

4

Let's do something fun!
레ts 두 썸띵(th) 펀(f)!

재미있는 거 하자!

5

Thanks, you are the best.
땡(th)s, 유얼 더(th) 베st.

고마워 네가 최고야.

6

Call me anytime you need help.
콜미 에니타임 유 니d핼p.

도움이 필요하면 언제든 불러.

격려에 관련된 자주 쓰이는 단어 **9**

❶ cheer up: 힘내 (취어러p)　　❷ challenge: 도전하다 (췔런지)

❸ take a shot: 해보다 (테익꺼솨t)　　❹ take a break: 쉬다 (테이꺼브뤠이k)

❺ forget: 잊다 (폴(f)게t)　　❻ get over: 극복하다 (게로벌(v))

❼ overcome: 극복하다 (오벌(v)컴)　　❽ positive: 긍정적인 (파져티v)

❾ look on the bright side: 밝은 면을 보다 (루(L)끈더브롸잇싸이d)

O31 위로하기

3 핵심표현

I am so sorry.
아임 쏘 쏘뤼.

정말 유감이야.

Ⓐ He is in the hospital now.
히 이z 인더(th) 하스삐럴 나우.

그는 지금 병원에 있어.

Ⓑ I am so sorry.
아임 쏘 쏘뤼.

정말 유감이야.

It must be hard for you.
이t 머st 비 할d 폴(f)유.

정말 힘들겠다.

Ⓐ I lost my cat.
아이 로(L)st 마이 캐t.

내 고양이를 잃었어.

Ⓑ It must be hard for you.
이t 머st 비 할d 폴(f)유.

정말 힘들겠다.

Everything will be fine.
에브(v)리띵(th) 윌 비 파(f)인.

다 잘될 거예요.

Ⓐ I ruined my exam.
아이 루인d 마이 익젬.

나 시험 망했어.

Ⓑ Everything will be fine.
에브(v)리띵(th) 윌 비 파인.

다 잘될 거예요.

1 **I am here for you.**
아임 히얼 폴(f) 유.

내가 있잖아.

2 **How are you holding up?**
하우 얼유 홀딩 어p?

어떻게 견디고 계세요?

3 **You are not alone.**
유얼 나t 얼로(L)운.

넌 혼자가 아니야.

4 **Call me anytime you need help.**
콜미 에니타임 유니d헬p.

도움이 필요하면 언제든 불러.

5 **Is there anything I can do for you?**
이z 데(th)얼 에니띵(th) 아이 캔 두 폴(f)유?

내가 해줄 수 있는 게 있니?

6 **Do you want to go for a walk?**
두유 워너 고우 퍼(f)러 워k?

좀 걸을까?

❶ console: 위로하다 (컨쏘울) ❷ condole: 문상하다 (컨도울)

❸ relieve: 경감시키다 (륄리v) ❹ stress: 스트레스 (스츄뤠s)

❺ sadness: 슬픔 (쎄d니s) ❻ ease: 덜어주다 (이~z)

❼ loneliness: 외로움 (로(L)운리니s) ❽ deserve: ~할 가치가 있다 (디절v)

❾ fix: 고치다, 해결하다 (픽(f)s)

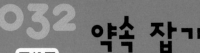

약속 잡기

3 핵심표현

Are you free ~(시간)?
얼유 프(f)리 ~(시간)?

~에 시간 괜찮아?

Ⓐ Are you free this evening?
얼유 프(f)리 디(th)s 이v닝?

오늘 저녁에 시간 있어?

Ⓑ No, I have something to do.
노우, 아이 해v 썸띵(th)투 두.

아니, 나 할 일 있어.

Let's ~!
레(L)ts ~!

~하자!

Ⓐ What should we do tomorrow?
왓 슏위 두 투머로우?

우리 내일 뭐해야 하지?

Ⓑ Let's play soccer!
레(L)ts 플레이 싸컬!

축구하자!

Let's meet on/at/in 장소.
레(L)ts 미t 온/에t/인 장소.

장소에서 만나자.

Ⓐ Where should we meet?
웨얼 슏위 미t?

어디서 만나지?

Ⓑ Let's meet at the park.
레(L)ts 미t 엣 더(th) 팔k.

공원에서 만나자.

* on: 층, 운동장 at: 특정장소 in: 도시, 나라

1 **Let's meet on 요일/날짜 at 시간.** ~요일/날짜 ~시에 만나자.
레(L)ts 미t 온 요일/날짜 엣 시간.

2 **I think we should ~.** ~하면 좋을 것 같아.
아이 띵(th)k 위 슈d ~.

3 **What do you say we ~?** ~하는 거 어떻게 생각해?
왓 두유 쎄이 위 ~?

4 **Great idea.** 좋은 생각이야.
그뤠잇 아이디어.

5 **It's going to be great!** 정말 재미있겠다!
이ts 고잉투비 그뤠잇t!

6 **Maybe next time.** 다음에 하자.
메이비 넥s타임.

약속에 관련된 자주 쓰이는 단어 **9**

❶ fascinating: 매혹적인 (페(f)씨네이링)

❷ mind-blowing: 너무 감동적인 (마인d블로잉)

❸ awesome: 놀라운 (아썸)　　❹ so good: 정말 좋아 (쏘 구d)

❺ fun: 재밌는 (펀(f))　　❻ interesting: 흥미 있는 (인터뤠s핑)

❼ exciting: 흥미진진한 (익싸이링)　　❽ entertaining: 재밌는 (엔털테이닝)

❾ amusing: 재밌는 (어뮤징)

81

O33 감탄하기

3 핵심표현

How 형용사!
하우 형용사!

정말 형용사하다!

Ⓐ This is my dress.
디(th)씨s 마이 쥬뤠s.

이거 내 드레스야.

Ⓑ How beautiful!
하우 뷰리풀(f)!

정말 아름답다!

That is so 형용사.
데(th)리쏘 형용사.

그거 정말 형용사하다.

Ⓐ I've passed the exam.
아이v 페st 디(th) 익줨.

나 시험 통과했어.

Ⓑ That is so cool.
데(th)리쏘 쿨.

그거 정말 멋지다.

Awesome!
아썸!

최고다!

Ⓐ This is my new car.
디(th)씨s 마이 뉴 칼.

이게 내 새 차야.

Ⓑ Awesome!
아썸!

최고다!

1. Great!
그뤠이t!

좋다!

2. I am surprised.
아임 썰프롸이zd.

놀랍다.

3. What a nice ~!
와러 나이s ~!

정말 멋진 ~구나!

4. What a beautiful ~!
와러 뷰리풀(f) ~!

정말 아름다운 ~구나!

5. So cool!
쏘쿨!

멋진데!

6. I am not surprised.
아임 나t 썰프롸이zd.

그럴 줄 알았어.

① **breathtaking**: 숨막힐 듯한 (브뤠th테이낑)

② **magnificent**: 정말 아름다운 (매g니피(f)썬t)

③ **amazing**: 놀라운 (어메이징)　　④ **wonderful**: 놀라운 (원덜플(f))

⑤ **stunning**: 멋진 (스떠닝)　　　⑥ **awful**: 끔찍한 (아풀(f))

⑦ **terrible**: 끔찍한 (테러블)　　⑧ **horrible**: 끔찍한 (호러블)

⑨ **weird**: 이상한, 기괴한 (위얼d)

034 화내기

3
핵심표현

What have you done?
와t 해v 유 던?

무슨 일을 저지른 거야?

Ⓐ What have you done?
와t 해v 유 던?

무슨 일을 저지른 거야?

Ⓑ I forgot to turn off the light.
아이 폴(f)갓 투 턴 오f 더(th) 라(L)이t.

불 끄는 걸 깜박했어.

Why did you do that?
와이 디쥬 두뎃(th)?

왜 그랬어?

Ⓐ I burned your bread.
아이 번d 유얼 브뤠d.

나 너의 **빵**을 태웠어.

Ⓑ Why did you do that?
와이 디쥬 두뎃(th)?

왜 그랬어?

I am so angry.
아임 쏘 엥그뤼.

나 정말 화났어.

Ⓐ I am so angry.
아임 쏘 엥그뤼.

나 정말 화났어.

Ⓑ I am so sorry.
아임 쏘 쏘뤼.

정말 미안해.

1 **Who do you think you are to ~?**
후 두유띵(th)큐얼 투 ~?
당신이 누군데 ~을 하나요?

2 **Leave me alone.**
리(L)v 미 얼로운.
혼자 있게 해줘.

3 **What's wrong with you?**
와ts 륑 위th 유?
너 왜 그래?

4 **I can't believe you did this to me.**
아이 캔t 빌리v 유 딧 디(th)s 투 미.
네가 나에게 이것을 하다니.

5 **I am so pissed off.**
아임 쏘 피st 오f.
나 정말 화났어.

6 **I accept your apology.**
아이 억쎔t 유얼 어팔러쥐.
사과받아줄게.

❶ jammed: 종이가 복사기에 낀 (쩸d) ❷ broken: 고장 난 (브로끈)

❸ annoying: 짜증 나게 하는 (어노잉) ❹ mocking: 모욕하는 (마낑)

❺ irritating: 신경질 나는 (이뤼테이링) ❻ unfair: 불공평한 (언페(f)얼)

❼ offensive: 모욕적인 (어펜(f)씨v) ❽ spoiled: 버릇없는 (스뽀일d)

❾ malfunctioning: 오작동하는 (멜펑(f)셔닝)

변명하기

3 핵심표현

Sorry, I didn't mean that.
쏘뤼, 아이 디든 민 데(th)t.

미안해, 일부러 그런 건 아니야.

Ⓐ Why did you hit me?
와이 디쥬 히t 미?

왜 나를 친 거야?

Ⓑ Sorry, I didn't mean that.
쏘뤼, 아이 디든 민 데(th)t.

미안해, 일부러 그런 건 아니야.

It's not me.
이ts 낫 미.

나 아니야.

Ⓐ Who broke the window?
후 부록 떠(th) 윈도우?

누가 창문 부쉈어?

Ⓑ It's not me.
이ts 낫 미.

나 아니야.

Sorry, I ~ late.
쏘뤼, 아이 ~ 레(L)이t.

미안 나 늦게 ~했어.

Ⓐ Why are you late?
와이 얼유 레(L)이t?

왜 늦은 거야?

Ⓑ Sorry, I woke up late.
쏘뤼, 아이 워우껍 레(L)이t.

미안해 나 늦게 일어났어.

추가표현 6

1 Sorry, I didn't know that.
쏘뤼, 아이 디든 노우 데(th)t.

미안해 나 몰랐어.

2 Sorry, there was ~.
쏘뤼, 데(th)얼 워z ~.

미안해 ~가 있었어.

3 I have nothing to do with it.
아이 해v 나띵(th) 투 두 위th 이t.

나는 상관없어.

4 I didn't do it.
아이 디든 두위t.

내가 한 거 아니야.

5 I was too busy.
아이 워z 투 비지.

나 너무 바빴어.

6 Sorry, it was a mistake.
쏘뤼, 잇 워z 어 미s테이k

미안해, 실수였어.

변명에 사용되는 단어 9

❶ delay: 지연하다 (딜레이) **❷ traffic jam:** 교통체증 (츄뤠픽(f)쟁)

❸ accident: 사고 (엑씨던t) **❹ interruption:** 방해 (인터뤕션)

❺ mistake: 실수(미s테이k) **❻ mix-up:** 착각 (믹s쩌p)

❼ incident: 작은 사고 (인씨던t) **❽ problem:** 문제 (프라블럼)

❾ misunderstanding: 오해 (미s언덜스땐딩)

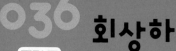

036 회상하기

3
핵심표현

When I was young, ~ (문장).
웬 아이 워z 영, ~ (문장).

내가 어렸을 때, ~ (문장).

Ⓐ You are so talented.
유얼 쏘 텔런티d.

너 정말 재능 있다.

Ⓑ When I was young, I learned it.
웬 아이 워z 영, 아이 런(L)d 이t.

내가 어렸을 때 이거 배웠어.

I would ~.
아이 우d ~.

(과거에) 나는 ~하곤 했어.

Ⓐ I would visit his house.
아이 우d 비(v)지t 히s 하우s.

나는 그의 집을 방문하곤 했어.

Ⓑ I see.
아이 씨.

그랬구나.

I used to ~.
아이 유s투 ~.

(지금은 아니지만 과거에) 나는 ~했어.

Ⓐ I used to go to the gym.
아이 유s투 고우 투 더(th) 쥠.

나는 헬스장에 다니곤 했어.

Ⓑ I can see that.
아이 캔 씨데(th)t.

그런 것 같아.

1 I remember when ~ (문장).
아이 뤼맴벌 웬 ~ (문장).

~ 했을 때가 기억나.

2 Do you remember when ~?
두유 뤼맴벌 웬 ~?

~했을 때 기억나니?

3 I miss home.
아이 미s 홈.

집이 그리워.

4 That reminds me of ~.
데(th)t 뤼마인z 미 오v ~.

그것은 ~를 생각나게 해.

5 It's on the tip of my tongue.
이ts 온 더(th) 팁 오v 마이 텅.

기억날 듯이 안 나.

6 I don't remember.
아이 돈t 뤼맴벌.

기억이 안 나.

❶ flashback: 회상장면 (플(f)레(L)sh베k)

❷ blank out: 머리에서 지우다 (블랭까우t)

❸ young: 어린 (영)

❹ would: ~ 하곤 했다 (우d)

❺ used to: ~했다 (유s투)

❻ remind: 상기하다 (뤼마인드)

❼ memory: 기억 (메모뤼)

❽ recall: 회상하다 (뤼콜)

❾ forget: 잊다 (폴(f)게t)

3 핵심표현

You know what?
유 노우 와t?

그거 알아?

Ⓐ You know what? I passed it!
유 노우 와t? 아이 페st 잇!

그거 알아? 나 통과했어!

Ⓑ What did you pass?
왓 디쥬 페s?

뭘 통과했는데?

Guess what?
게s 와t?

그거 알아?

Ⓐ Guess what? James came back.
게s 와t? 제임스 케임 베k.

그거 알아? 제임스 돌아왔어.

Ⓑ Really?
뤼얼리?

정말?

You got a second?
유 가러 쎄컨d?

잠시 시간 좀 있니?

Ⓐ You got a second?
유 가러 쎄컨d?

잠시 시간 좀 있니?

Ⓑ Why?
와이?

왜?

1 **I have something to tell you.**
아이 해v 썸띵(th) 투 텔유.
너한테 할 말 있어.

2 **We should talk.**
위 슛 토k.
우리 얘기 좀 해야겠어.

3 **I need to talk to you.**
아이 니투 톡투유.
얘기 좀 하자.

4 **Speaking of which, ~**
스뻬킹 오v 위ch, ~
그 말이 나왔으니까 말인데, ~

5 **Let's talk about ~.**
레(L)ts 토꺼바우t ~.
~에 대해 이야기하자.

6 **Listen/Look, ~.**
리(L)쓴/루(L)k, ~.
들어봐/봐봐 ~.

말하는 것에 관련된 단어 **9**

❶ say: ~을 말하다 (쎄이)

❷ tell: ~에게 ...를 말하다 (텔)

❸ talk: 이야기하다 (토k)

❹ speak: 말하다 (스삐k)

❺ remark: 언급하다 (뤼말k)

❻ shout: 소리치다 (솨우t)

❼ whisper: 속삭이다 (위s뻘)

❽ mumble: 중얼거리다 (멈블)

❾ utter: (어떤) 말을 하다 (어럴)

038 경청하기

 3 핵심표현

Tell me more.
텔미 모얼.

계속 이야기해봐.

Ⓐ **I went to the school, and …**
아이 웬 투 더(th) 스꿀 엔 …

나 그 학교에 갔는데…

Ⓑ **Tell me more.**
텔미 모얼.

계속 이야기해봐.

I am all ears.
아임 올 이얼s.

잘 듣고 있어.

Ⓐ **Are you listening to me?**
얼 유 리(L)s닝 투 미?

잘 듣고 있는 거야?

Ⓑ **Of course, I am all ears.**
옵코얼s, 아임 올 이얼s.

물론이지, 잘 듣고 있어.

I am listening.
아임 리(L)s닝.

잘 듣고 있어.

Ⓐ **I am listening.**
아임 리(L)s닝.

잘 듣고 있어.

Ⓑ **I thought your phone was dead.**
아이 또(th)t 유얼 폰(f) 워z 데d.

난 핸드폰이 꺼진 줄 알았어.

1 **Tell me about it.**
텔미 어바우리t.

맞아 맞아/그러니까.

2 **I can't hear you.**
아이 캔t 히얼 유.

잘 안 들려.

3 **I didn't understand you.**
아이 디든 언덜스뗀쥬.

이해 못 했어.

4 **Could you speak slowly/loudly?**
쿠쥬 스삑 슬로울리/라(L)우들리?

좀 천천히/크게 말해줄래?

5 **Could you give me an example?**
쿠쥬 기v 미 언 익잼플?

예를 좀 들어줄 수 있니?

6 **I am sorry?**
아임 쏘뤼?

뭐라고?

듣는 것, 경청에 관련된 자주 쓰이는 단어 **9**

① **pardon**: 용서하다 (팔든)　　② **voice**: 목소리 (보v이s)

③ **loud**: (소리가) 큰 (라(L)우d)　　④ **low**: (소리가) 작다 (로(L)우)

⑤ **listen to**: (집중해서) 듣다 (리(L)쓴투)　⑥ **hear**: 들리다 (히얼)

⑦ **attention**: 집중하다 (어텐션)　　⑧ **focus**: 집중하다 (포(f)커스)

⑨ **concentrate**: 집중하다 (컨쎈츄뤠이t)

039 협력하기

 3 핵심표현

Let's do it together.
레(L)ts 두윗 투게덜(th).

같이 하자.

Ⓐ You can't do it alone.
유 캔t 두윗 얼로운.

넌 그걸 혼자 할 수 없어.

Ⓑ Let's do it together then.
레(L)ts 두윗 투게덜(th) 덴(th).

그럼 같이 하자.

Join me.
조인 미.

나한테 합류해.

Ⓐ Join me.
조인 미.

나한테 합류해.

Ⓑ Can I?
캐나이?

그래도 될까?

We are going to be a great team.
위얼 고잉투 비 어 그뤠잇팀.

우린 좋은 팀이 될 거야.

Ⓐ We are going to be a great team.
위얼 고잉투 비 어 그뤠잇팀.

우린 좋은 팀이 될 거야.

Ⓑ I agree with you.
아이 어그뤼 위th 유.

나도 같은 생각이야.

94

1 Let's take turns.
레(L)ts 테익 턴s.

교대로 돌아가면서 하자.

2 We need to work together.
위 니투 월k 투게덜(th).

우리는 같이 일해야 해.

3 We need to cooperate.
위 니투 코어퍼뤠이t.

우린 함께 일해야 해.

4 We can do it.
위 캔 두위t.

우린 할 수 있어.

5 It's a two person job.
이ts 어 투 펄쓴 좝.

이건 두 명이 할 수 있는 일이야.

6 You can't do it alone.
유 캔t 두위t 얼러운.

넌 그걸 혼자 할 수 없어.

① **social person**: 사교적인 사람 (쏘셜 펄쓴)

② **followership**: 팔로워십 (팔(f)로월쉽p)

③ **team player**: 팀원 (팀플레이얼) ④ **teamwork**: 팀워크 (팀월k)

⑤ **leader**: 이끄는 자 (리(L)덜) ⑥ **follower**: 따르는 자 (팔(f)로월)

⑦ **leadership**: 지도력 (리(L)덜쉽p) ⑧ **active**: 적극적인 (엑띠v)

⑨ **passive**: 수동적인 (페씨v)

헤어지기

3 핵심표현

It's over.
이ts 오벌(v).

(우린) 끝났어.

Ⓐ It's over.
이ts 오벌(v).

(우린) 끝났어.

Ⓑ What? Why?
와t? 와이?

뭐라고? 왜?

We are done.
위얼 던.

우린 끝났어.

Ⓐ We are done.
위얼 던.

우린 끝났어.

Ⓑ I have nothing to say.
아이 해v 나띵(th) 투 세이.

할 말이 없네.

I need to focus on ~.
아이 니투 포(f)커s 온 ~.

나 ~에 집중해야 할 것 같아.

Ⓐ Why?
와이?

왜 그러는데?

Ⓑ I need to focus on my work.
아이 니투 포(f)커s 온 마이 월k.

나 내 일에 집중해야 할 것 같아.

1 **It's not you. It's me.**
이ts 낫 유. 이ts 미.

네가 아니라 나 때문이야.

2 **Let's just be friends.**
레(L)ts 줘st 비 프(f)렌z.

그냥 친구로 지내자.

3 **I think we need a break.**
아이 띵(th)k 위 니d 어 브뤠이k.

잠시 헤어져 지내자.

4 **This is hard for me too.**
디(th)씨s 할d 폴(f) 미 투.

나도 힘들어.

5 **I knew it.**
아이 뉴위t.

그럴 줄 알았어.

6 **Can you tell me why?**
캔유 텔미 와이?

왜인지 말해줄 수 있어?

❶ disagreement: 의견 차이 (디s어그뤼먼t)

❷ incompatible: 맞지 않는 (인컴페러블)

❸ fight: 싸움 (파(f)이t)   ❹ break up: 깨지다 (브뤠이꺼p)

❺ conflict: 갈등 (컨플(f)릭t)   ❻ clash: 충돌 (클레sh)

❼ quarrel: 말싸움 (쿠어럴)   ❽ friction: 마찰 (프(f)릭션)

❾ different: 차이 (디프(f)런t)

PART

03

주제에 대해 대화하기

....

041 꿈

3 핵심표현

I want to be a ~.
아이 원투비 어 ~.

나는 ~가 되고 싶어.

ⓐ **What's your dream?**
와ts 유얼 쥬림?

너의 꿈은 뭐니?

ⓑ **I want to be a painter.**
아이 원투비 어 페인털.

나는 화가가 되고 싶어.

I want to ~ in the future.
아이 원투 ~ 인더(th)퓨(f)철.

나는 미래에 ~하고 싶어.

ⓐ **What do you want to do in the future?**
왓 두유 원투 두 인더(th)퓨(f)철?

미래에 뭐하고 싶어?

ⓑ **I want to write books in the future.**
아이 원투 롸잇 북s 인더(th)퓨(f)철.

나는 미래에 책을 쓰고 싶어.

I am planning to ~.
아임 플레닝 투 ~.

~하려고 (계획)하고 있어요.

ⓐ **What's your future plan?**
와ts 유얼 퓨(f)철 플랜?

너의 미래 계획은 뭐니?

ⓑ **I am planning to apply for a PhD.**
아임 플레닝 투 어플라이 포(f)러 피에이취디.

박사학위 지원하려고 하고 있어.

1 I am interested in ~.
아임 인터뤠s띠d 인 ~.

나는 ~에 흥미가 있어.

2 I am good at ~.
아임 구렛 ~.

나는 ~를 잘해.

3 I am talented at ~.
아임 텔런티d 엣 ~.

저는 ~에 재능이 있어요.

4 My major is/was ~.
마이 메이줠 이z/워z ~.

내 전공은 ~야/였어.

5 When I ~, I enjoy every moment of it.
웬 아이 ~, 아이 인조이 에브(v)리 모먼t 오v 잇.

난 ~할 때 매 순간을 즐겨.

6 I have a great passion for ~.
아이 해v 어 그뤠잇 패션 폴(f) ~.

저는 ~에 열정이 있어요.

꿈, 직업에 관련된 자주 쓰이는 단어 **9**

❶ teacher: 선생님 (티쳘) ❷ professor: 교수 (프로페(f)설)

❸ doctor: 의사 (닥떨) ❹ engineer: 엔지니어 (엔지니얼)

❺ mechanic: 정비공 (메케니c) ❻ lawyer: 변호사 (로(L)이얼)

❼ pastor: 목사 (페s털) ❽ scientist: 과학자 (싸이언티s트)

❾ police officer: 경찰 (폴리s 오피(f)썰)

영화

3 핵심표현

My favorite movie is ~.
마이 페(f)이버(v)뤼t 무비(v) 이z ~.

내가 가장 좋아하는 영화는 ~야.

ⓐ What's your favorite movie?
와ts 유얼 페(f)이버(v)뤼t 무비(v)?

네가 가장 좋아하는 영화는 뭐니?

ⓑ My favorite movie is Titanic.
마이 페(f)이버(v)뤼t 무비(v) 이z 타이태닉.

내가 가장 좋아하는 영화는 타이타닉이야.

It's about ~.
이ts 어바웃 ~.

그것은 ~에 대한 거야.

ⓐ What's it about?
와ts 잇 어바우t?

뭐에 관한 거야?

ⓑ It's about a sinking ship.
이ts 어바웃 어 씽킹 쉬p.

침몰하는 배에 대한 거야.

It takes place in ~.
잇 테익s 플레이s 인 ~.

이것은 ~에서 일어나는 이야기야.

ⓐ It takes place in the sea.
잇 테익s 플레이s 인 더(th) 씨.

이것은 바다에서 일어나는 이야기야.

ⓑ I want to watch it.
아이 원투 워ch 이t.

나 그거 보고 싶다.

1 **~ is the main character.**
~ 이z 더(th) 메인 캐뤽털.

~가 주인공이야.

2 **It is exciting/scary/romantic/...**
이리s 익싸이링/스께어뤼/로맨틱k/···

그것은 재미있어/무서워/로
맨틱해/···

3 **It's a happy ending.**
이쳐 해삐엔딩.

행복하게 끝나.

4 **There is a twist in the movie.**
데(th)어리z 어 트위스t 인더(th) 무비(v).

영화에 반전이 있어.

5 **It has a mixed review.**
잇 해z 어 믹st 리뷰(v).

누군 좋아하고 누군 싫어해.

6 **What's it rated?**
와ts 잇 뤠이리d?

몇 세 영화야?

1 special effects: 특수효과 (스빼셜 이펙(f)ts)

2 happy ending: 해피엔딩 (해삐엔딩)

3 theater: 극장 (띠(th)어럴)

4 character: 캐릭터 (캐뤽털)

5 plot: 줄거리 (플라(L)t)

6 sad ending: 슬픈결말 (쎄d엔딩)

7 hit: 인기작품 (히t)

8 sequel: 속편 (씨퀄)

9 twist: 반전 (트위스t)

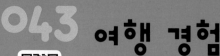

043 여행 경험

3 핵심표현

Where have you traveled before? 어디 여행해 봤어?
웨얼 해v 유 츄뤠블(v)d 비폴(f)?

Ⓐ **Where have you traveled before?**
웨얼 해v 유 츄뤠블(v)d 비폴(f)?

어디 여행해 봤어?

Ⓑ **I have been to Hawaii.**
아이 해v 빈 투 하와이.

나는 하와이에 가 봤어.

Who have you traveled with? 누구랑 여행했어?
후 해v 유 츄뤠블(v)d 위(th)?

Ⓐ **Who have you traveled with?**
후 해v 유 츄뤠블(v)d 위(th)?

누구랑 여행했어?

Ⓑ **I traveled with my family.**
아이 츄뤠블(v)d 위th 마이 페(f)멀리.

가족들과 여행했어.

What did you do there? 거기서 뭐했어?
왓 디쥬 두 데(th)얼?

Ⓐ **What did you do there?**
왓 디쥬 두 데(th)얼?

거기서 뭐했어?

Ⓑ **I went to Gangnam.**
아이 웬 투 강남.

난 강남에 갔어.

Part 3 주제에 대해 대화하기

1
It was a ~ days trip.
잇 워z 어~ 데이z 츄리p.

그것은 ~일 여행이었어.

2
I fell in love with ~. 예) the view, town
아이 펠(f)인러(L)v 위th ~.

나는 ~에 완전히 빠졌어.
예) 경치, 마을

3
~ blew away my heart.
~ 블루 어웨이 마이 하알t.

~는 내 마음을 날려버렸어.

4
It was an unforgettable experience.
잇 워z 언 언폴(f)게러블 익스피어뤼언s.

잊을 수 없는 경험이었어.

5
We pitch our tents near the lake.
위 피ch 아월 텐ts 니얼 더(th) 레(L)이k.

우리는 호수 근처에 탠트를 쳐.

6
I was on a tight budget.
아이 워z 온 어 타이t 버줴t.

난 예산이 많이 없었어.

❶ travel: 여행 (츄뤠블(v))   ❷ trip: 여행 (츄리p)

❸ experience: 경험 (익스피어뤼언s)   ❹ memory: 기억 (메모뤼)

❺ camp: 캠프 (캠p)   ❻ picnic: 소풍 (피k니k)

❼ vacation: 방학 (베(v)케이션)   ❽ holiday: 휴일 (할러데이)

❾ transportation: 교통 (츄뤤s폴테이션)

044 한국 문화 1

3 핵심표현

Korean culture is very interesting.
코뤼언 컬춸 이z 베(v)뤼 인터뤠s팅.

한국 문화는 흥미로워.

Ⓐ Korean culture is very interesting.
코뤼언 컬춸 이z 베(v)뤼 인터뤠s팅.

한국 문화는 흥미로워.

Ⓑ How?
하우?

어떻게?

Korean people have a passion for education.
코뤼언 피쁠 해v 어 페션 폴(f) 에듀케이션.

한국인들은 교육열이 있어.

Ⓐ Korean people have a passion for education.
코뤼언 피쁠 해v 어 페션 폴(f) 에듀케이션.

한국인들은 교육열이 있어.

Ⓑ Tell me about it.
텔미 어바우리t

그러니까.

Rice is the staple food of Korea.
롸이s 이z 더(th) 스떼이쁠 푸(f)~d 오v 코뤼아.

밥이 한국의 주식이야.

Ⓐ What do Koreans eat normally?
왓 두 코뤼언s 이~t 놀멀리?

한국인들은 주로 뭘 먹어?

Ⓑ Rice is the staple food of Korea.
롸이s 이z 더(th) 스떼이쁠 푸(f)~d 오v 코뤼아.

밥이 한국의 주식이야.

1 **South Korea is a democratic society.** 한국은 민주주의 국가야.
싸우th 코뤼아 이z 어 데모크뤠릭k 쏘싸이어리.

2 **Koreans pay their respect to the elderly.** 한국 사람들은 노인을 공경해.
코뤼언s 페이 데(th)얼 뤼스빽 투 디(t) 엘덜리.

3 **Korea has a bowing culture.** 한국은 인사하는 문화가 있어.
코뤼아 해z 어 바우잉 컬철.

4 **Korean people are stylish.** 한국 사람들은 옷을 잘 입어.
코뤼언 피쁠 얼 스따일리sh.

5 **There are various types of food in Korea.** 한국엔 여러 음식이 있어.
데(th)어럴 베(v)뤼어s 타입s 오v 푸(f)~d 인 코뤼아.

6 **I like bibimbap.** 난 비빔밥을 좋아해.
아이 라(L)익k 비빔밥.

❶ Children's Day: 어린이날 (칠쥬런s데이)
❷ Parent's Day: 어버이날 (페어뤈ts데이)
❸ Teacher's Day: 스승의 날 (티쳘's데이)
❹ Liberation Day: 광복절 (리(L)버뭬이션데이)
❺ New Year's Day: 새해 (뉴이얼z데이)
❻ Seollal: 설날 (설날)　　❼ Arbor Day: 식목일 (알볼데이)
❽ Chuseok: 추석 (추석)　　❾ Christmas: 크리스마스 (크리s마s)

O45 한국 문화 ㄹ

3 핵심표현

Lunar New Year is the biggest holiday in Korea. 설날은 한국 최고의 명절이야.
루(L)널 뉴이얼 이z 더(th) 비기st 할러데이 인 코뤄아.

Ⓐ **What's the biggest holiday in Korea?** 한국은 최고 명절이 뭐야?
와ts 더(th) 비기st 할러데이 인 코뤄아?

Ⓑ **Lunar New Year is the biggest holiday in Korea.** 설날은 한국 최고의 명절이야.
루(L)널 뉴이얼 이z 더(th) 비기st 할러데이 인 코뤄아.

(On Lunar New Year) people gather as family. (설날) 사람들은 가족끼리 모여.
(온 루(L)널 뉴이얼) 피쁠 게덜(th) 에z 페(f)멀리.

Ⓐ **What do Koreans do on Lunar New Year?** 설날 한국인들은 뭐 해?
왓 두 코뤼언s 두 온 루(L)널 뉴이얼?

Ⓑ **They gather as family.** 그들은 가족끼리 모여.
데(th)이 게덜(th) 에z 페(f)멀리.

You should try ~. 너 ~ 꼭 먹어봐야 해.
유 슛 츄라이 ~.

Ⓐ **Please recommend me a Korean food.** 한국 음식 하나 추천해 줘.
플리z 뤠커멘d 미 어 코뤼언 푸(f)~d.

Ⓑ **You should try Tteok-bokki.** 너 떡볶이 꼭 먹어봐야 해.
유 슛 츄라이 떡볶이.

1 **Seoul is the biggest city in Korea.**
써울 이z 더(th) 비기st 씨티 인 코뤼아.

서울은 한국에서 가장 큰 도시야.

2 **Gangnam is the center of Seoul.**
캉남 이z 더(th) 쎈털 오v 써울.

강남은 서울의 중심이야.

3 **Busan is the second largest city.**
푸산 이z 더(th) 쎄컨 랄(L)쥐st 씨티.

부산은 두 번째로 큰 도시야.

4 **K-pop is world-famous nowadays.**
케이팝 이z 월d페(f)이머s 나우어데이z.

케이팝은 요즘 세계적으로 유명해.

5 **Who is your favorite K-pop star?**
후 이z 유얼 페(f)이버(v)륏 케이팝스딸?

가장 좋아하는 케이팝 스타가 누구야?

6 **Do you know any Korea TV program?**
두유 노우 에니 코뤼언 티비(v) 프로그램?

아는 한국 프로그램 있니?

한국의 쇼 프로그램, 드라마 **9**

① 무한도전: Infinite Challenge (인피(f)니t 췔런지)
② 런닝맨: Running Man (뤄닝맨)
③ 복면가왕: King of Mask Singer (킹어v메sk씽얼)
④ 1박 2일: One Night Two Days (원나잇투데이z)
⑤ 미운 우리 새끼: My Little Old Boy (마일리를 올d보이)
⑥ 라디오 스타: Radio Star (뤠디오스딸)
⑦ 나 혼자 산다: I Live Alone (아일리v얼로운)
⑧ 태양의 후예: Descendants of the Sun (디쎄던츠오v더(th)썬)
⑨ 꽃보다 남자: Boys over Flowers (보이z오벌(v)플(f)라월z)

046 문화 충격

3 핵심표현

I had a culture shock in this country. 나는 이 나라에서 문화충격을 받았어.
아이 해d 어 컬쳘 쇽k 인 디(th)s 컨츄뤼.

Ⓐ I had a culture shock in this country. 나는 이 나라에서 문화충격을 받았어.
아이 해d 어 컬쳘 쇽k 인 디(th)s 컨츄뤼.

Ⓑ What culture shock? 무슨 문화충격?
왓 컬쳘 쇽k?

I was surprised by/confused about ~. 나는 ~에 놀랐어.
아이 워z 썰프롸이zd 바이/컨퓨(f)zd 어바우t ~.

Ⓐ I was surprised by bowing culture. 나는 인사하는 문화에 놀랐어.
아이 워z 썰프롸이zd 바이 바우잉 컬쳘.

Ⓑ Tell me about it. 맞아 맞아.
텔미 어바우리t.

It is new to me. 이것은 나에게 새로워.
이리s 뉴투미.

Ⓐ What do you think of this food? 이 음식 어때?
왓 두유 띵(th)k 오v 디(th)s 푸(f)~d?

Ⓑ I don't know. It is new to me. 잘 모르겠네. 이것은 나에게 새로워.
아이 돈 노우. 이리s 뉴투미.

110

1

I feel out of place here.
아이 필(f) 아우로v 플레이s 히얼.

나는 여기 있으면 동떨어진 느낌을 받아.

2

I am not used to ~ yet.
아임 낫 유s투 ~ 예t.

~에 아직 익숙하지 않아.

3

It takes time to get used to it.
잇 테익s 타임 투 겟 유s투 이t.

그것에 익숙해지는 데는 시간이 걸리지.

4

I am getting used to its culture.
아임 게링 유s투 이ts 컬쳘.

나는 그곳 문화에 적응하고 있어.

5

I miss my own culture.
아이 미s 마이 오운 컬쳘.

내 문화가 그립네.

6

I experienced reverse culture shock.
아이 익스피어뤼언st 뤼벌(v)s 컬쳘 쇽k.

나는 역문화 충격을 경험했어.

❶ education: 교육 (에듀케이션) ❷ date: 데이트 (데이t)

❸ food: 음식 (푸(f)d) ❹ architecture: 건축 (알키텍쳘)

❺ art: 예술 (알t) ❻ music: 음악 (뮤지k)

❼ leisure: 레저 (리졀) ❽ entertainment: 연예 (엔털테인먼t)

❾ make-up: 화장 (메이꺼p)

047 이상형

3 핵심표현

What do you look for in a man/woman?
왓 두유 룩(L)폴(f) 인 어 맨/워먼?

어떤 남자/여자 찾아?

ⓐ What do you look for in a man?
왓 두유 룩(L)폴(f) 인 어 맨?

어떤 남자를 찾아?

ⓑ I like kind guys.
아이 라(L)익 카인d 가이s.

난 친절한 남자가
좋아.

He/She is (not) my type.
히/쉬 이z (낫) 마이 타이p.

저 사람은 내 스타일
이(아니)야.

ⓐ What do you think of him?
왓 두유 띵(th)k 오v 힘?

저 남자 어때?

ⓑ He is not my type.
히 이z 낫 마이 타이p.

저 사람은 내 스타일이
아니야.

I like someone who ~.
아이 라(L)이k 썸원 후 ~.

나는 ~한 사람을 좋
아해.

ⓐ Who is attractive for you?
후 이z 어츄렉티v 폴(f) 유?

어떤 사람이 너에게 매
력적이니?

ⓑ I like someone who can sing well.
아이 라(L)이k 썸원 후 캔 씽 웰.

난 노래 잘하는 사람을
좋아해.

1
I want my boy/girlfriend to be ~.
아이 원t 마이 보이프(f)렌d/걸프(f)렌d 투 비 ~.

나는 내 남자/여자친구가 ~했으면 좋겠어.

2
~ turn me on.
~ 턴 미 온.

~한 사람이 나를 끌어.

3
My boyfriend/girlfriend is ~.
마이 보이프(f)렌d/걸프(f)렌d 이z ~.

내 남자친구/여자친구는 ~해.

4
I am attracted to funny people.
아임 어츄뤡티d 투 퍼(f)니 피쁠.

난 재미있는 사람한테 끌려.

5
I want to meet a smart guy.
아이 원투 미러 스맡t 가이.

난 똑똑한 남자 만나고 싶어.

6
I am into down-to-earth girls.
아임 인투 다운 투 얼th 걸s.

난 털털한 여자들이 좋아.

외모를 나타내는 형용사 **9**

① cute: 귀여운 (큐t) ② pretty: 예쁜 (프리티)

③ elegant: 우아한 (엘러건t) ④ muscular: 근육질의 (머s큘럴)

⑤ slim: 날씬한 (슬림) ⑥ thin: 마른 (띤(th))

⑦ chubby: 통통한 (쳐비) ⑧ curvy: 굴곡 있는 (컬비(v))

⑨ good-looking: 인물 좋은 (굿루(L)낑)

048

건강

3 핵심표현

I am out of shape.
아임 아우로v 쉐이p.

나는 몸이 좀 엉망
이야.

A I am out of shape recently.
아임 아우로v 쉐이p 뤼쎈틀리.

나는 몸이 요즘 좀 엉
망이야.

B What happened to you?
왓 해쁜 투유?

어떻게 된 거야?

I need to get in shape.
아이 니투 게린 쉐이p.

나 몸을 좀 가꿔야
겠어.

A I need to get in shape.
아이 니투 게린 쉐이p.

나 몸을 좀 가꿔야
겠어.

B How are you going to do that?
하우 얼유 고잉투 두데(th)t?

어떻게 할 건데?

I am going to work out.
아임 고잉투 월까우t.

나 운동할 거야.

A I am going to work out from tomorrow.
아임 고잉투 월까우t 프(f)럼 투머로우.

나 내일부터 운동할
거야.

B Great idea!
그뤠잇 아이디어!

좋은 생각이야!

1 I need to lose weight.
아이 니투 루(L)s 웨이t.

나 살을 좀 빼야겠어.

2 I need to have a healthy diet.
아이 니투 해v 어 핼씨(th) 다이어t.

나 건강식으로 먹어야겠어.

3 The doctor said I am obese.
더(th) 닥털 쎄d 아임 오비z.

의사가 그러는데 나 비만이래.

4 I am going to bulk up.
아임 고잉투 벌k 어p.

나 살찌울 거야.

5 I will slim down.
아이 윌 슬림다운.

나는 군살을 뺄 거야.

6 I will build muscle.
아이 윌 빌d 머쓸.

나는 근육을 키울 거야.

❶ over-weight: 과체중의 (오벌(v)웨이t)

❷ burn fat/calories: 살을 빼다 (번 페(f)t/칼로뤼s)

❸ obese: 비만의 (오비s)　　❹ toned: 건강한 (토운d)

❺ fit: 건강한 (피(f)t)　　❻ ripped: 근육질의 (뤼t)

❼ jacked: 근육질의 (줵t)　　❽ shredded: 근육질의 (슈뤠리d)

❾ six-pack: 왕자 (씩스페k)

115

날씨 1

3 핵심표현

It's (really) ~ today.
이ts (뤼얼리) ~ 투데이.

오늘 (정말) ~하다.

Ⓐ **It's really cold today.**
이ts 뤼얼리 콜d 투데이.

오늘 정말 춥다.

Ⓑ **And it's snowing.**
엔 이ts 스노윙.

그리고 눈도 와.

It's the rainy/typhoon season.
이ts 더(th) 뤠이니/타이푼(f) 씨즌.

비/태풍 오는 시즌이야.

Ⓐ **It's been raining for 6 days.**
이ts 빈 뤠이닝 폴(f) 씩s 데이z.

6일째 비가 오고 있어.

Ⓑ **Yeah, it's the rainy season.**
예, 이ts 더(th) 뤠이니 씨즌.

응, 비 오는 시즌(장마)이야.

The snow is melting.
더(th) 스노우 이z 멜팅.

눈이 녹고 있어.

Ⓐ **The snow is melting already.**
더(th) 스노우 이z 멜팅 올뤠디.

눈이 벌써 녹고 있어.

Ⓑ **Yeah, the sun is really strong today.**
예, 더(th) 썬 이z 뤼얼리 스츄롱 투데이.

응, 오늘 햇빛이 정말 강하다.

1 **How's the weather today?**
하우z 더(th) 웨덜(th) 투데이?

오늘 날씨 어때?

2 **What's the temperature today?**
왓ts 더(th) 템퍼뤠이철 투데이?

오늘 온도가 몇 도야?

3 **계절 is coming.**
계절 이z 커밍.

계절이 오고 있어.

4 **It looks like rain/snow.**
잇 룩(L)s 라익 뤠인/스노우.

비가/눈이 올 것 같네.

5 **My favorite weather is ~.**
마이 페(f)이버(v)륏 웨덜(th) 이z ~.

내가 가장 좋아하는 날씨는 ~야.

6 **It's clearing up.**
이ts 킬리어뤙 업.

개기 시작한다.

❶ warm: 더운 (웜)

❷ cold: 추운 (콜d)

❸ freezing: 아주 추운 (프(f)리징)

❹ humid: 습한 (휴미d)

❺ foggy: 안개 낀 (퍼(f)기)

❻ windy: 바람 부는 (윈디)

❼ overcast: 구름 낀 (오벌(v)케st)

❽ sticky: 끈적거리는 (스띠끼)

❾ tornado: 토네이도 (톨네이로)

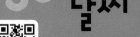
날씨 2

핵심표현

The sky is overcast (with clouds).
더(th) 스까이 이z 오벌(v)케st (위th 클라우z).

구름이 하늘을 덮었어.

🅐 **It's so dark today.**
이ts 쏘 달k 투데이.

오늘 정말 어둡다.

🅑 **Yeah, the sky is overcast with clouds.**
예, 더(th) 스까이 이z 오벌케st 위th 클라우z.

응, 구름이 하늘을 덮었어.

What's the forecast for today?
와ts 더(th) 폴(f)케st 폴(f) 투데이?

오늘 일기예보는 어때?

🅐 **What's the forecast for today?**
왓ts 더(th) 폴(f)케st 폴(f) 투데이?

오늘 일기예보는 어때?

🅑 **The typhoon will arrive today.**
더(th) 타이푼(f) 윌 어롸이v 투데이.

태풍이 상륙할 거야.

How does the weather look for ~?
하우 더z 더(th) 웨덜(th) 룩(L) 폴(f) ~?

~하기에 날씨 어때요?

🅐 **How does the weather look for the picnic?**
하우 더z 더(th) 웨덜(th) 룩(L) 폴(f) 더(th) 피크닉k?

소풍 가기에 날씨 어때요?

🅑 **It's perfect.**
이ts 펄펙(f)t.

완벽해 (최고야).

1

What a beautiful day!
와러 뷰리풀(f) 데이!

날씨 정말 좋다!

2

Today is boiling hot.
투데이 이z 보일링 하t.

오늘 정말 너무 덥다.

3

It's forecast to rain today.
이ts 폴(f)케s 투 뤠인 투데이.

오늘 비가 오기로 예보되었어.

4

It's freezing cold outside.
이ts 프(f)리징 콜d 아웃싸이d.

밖에 정말 추워.

5

The weather is warming up.
더(th) 웨덜(th) 이z 월밍어p.

날씨가 따뜻해지고 있어.

6

The sun is very bright today.
더(th) 썬 이z 베(v)뤼 브롸윗 투데이.

오늘 해 정말 밝다.

❶ storm: 폭풍 (스톰) ❷ showers: 소나기 (샤월s)

❸ hurricane: 허리케인 (허뤼케인) ❹ drizzle: 가랑비 (쥬뤼즐)

❺ gale: 강풍 (게일) ❻ breeze: 미풍 (브뤼z)

❼ rainbow: 무지개 (뤠인보우) ❽ thunder: 천둥 (썬(th)덜)

❾ dry: 건조한 (쥬롸이)

인터넷

3 핵심표현

I use the Internet to ~.
아이 유z 디(th) 인털넷 투 ~.

나는 ~하려고 인터넷을 사용해.

Ⓐ What do you use the Internet for?
왓 두유 유z 디(th) 인털넷 폴(f)?

너는 왜 인터넷을 쓰니?

Ⓑ I use the Internet to study.
아이 유z 디(th) 인털넷 투 스떠디.

나는 공부하려고 인터넷을 사용해.

I use Google to search for information.
아이 유z 구글 투 썰ch 폴(f) 인폴(f)메이션.

나는 구글로 정보 찾아.

Ⓐ How do you search for information?
하우 두유 썰ch 폴(f) 인폴(f)메이션?

너는 어떻게 정보 찾아?

Ⓑ I use Google to search for information.
아이 유z 구글 투 썰ch 폴(f) 인폴(f)메이션.

나는 구글로 정보 찾아.

I like to watch YouTube videos.
아일라익 투 워ch 유튭 비(v)디오s.

나는 유튜브 비디오 보는 걸 좋아해.

Ⓐ I like to watch YouTube videos.
아일라익 투 워ch 유튭 비(v)디오s.

나는 유튜브 비디오 보는 걸 좋아해.

Ⓑ Me too.
미투.

나도 그래.

1 **The Internet is fast/slow.**
디(th) 인털넷 이z 페(f)st/슬로우.

인터넷이 빠르다/
느리다.

2 **This room has an Internet connection.**
디(th)s 룸 해z 언 인털넷 컨넥션.

이 방은 인터넷이
연결돼.

3 **I use wireless Internet.**
아이 유z 와이얼레s 인털넷.

나는 무선 인터넷을
사용해.

4 **I have a problem with my Internet.**
아이 해v 어 프라블럼 위th 마이 인털넷.

인터넷에 문제가
있어.

5 **The Internet connection is lost/down.**
디(th) 인털넷 컨넥션 이z 로(L)st/다운.

인터넷 연결이 끊
겼어.

6 **It keeps turning on and off.**
잇 킵s 털닝 온 엔 오f.

연결이 됐다 안됐
다 해.

❶ access: 접촉하다 (엑쎄s)

❷ turn on: 켜다 (턴온)

❸ turn off: 끄다 (턴오f)

❹ fast: 빠른 (페(f)st)

❺ slow: 느린 (슬로우)

❻ connection: 연결 (컨넥션)

❼ wireless: 무선 (와이얼레s)

❽ wired: 유선 (와이얼d)

❾ network: 네트워크 (넷월k)

052 정치

3 핵심표현

What's your political stance?
와ts 유얼 폴리리컬 스뗀s?

너는 정치적으로 어느 쪽이야?

ⓐ What's your political stance?
와ts 유얼 폴리티컬 스뗀s?

너는 정치적으로 어느 쪽이야?

ⓑ I am very progressive.
아이엠 베(v)뤼 프로그뤠씨v.

나는 아주 진보적이야.

I am left/right wing.
아이엠 레(L)ft/롸이t 윙.

나는 좌/우파 쪽이야.

ⓐ Which political party do you prefer?
위ch 폴리리컬 팔티 두유 프리펄(f)?

너는 어떤 정당을 선호해?

ⓑ I am right wing.
아이엠 롸이t 윙.

나는 우파 쪽이야.

I want the government to ~.
아이 원 더(th) 가벌(v)먼 투 ~.

나는 정부가 ~했으면 좋겠어.

ⓐ What do you want from the government?
왓 두유 원 프(f)럼 더(th) 가벌(v)먼t?

정부에 바라는 게 뭐야?

ⓑ I want the government to be flexible.
아이 원 더(th) 가벌(v)먼 투 비 플(f)렉써블.

난 정부가 유연성이 있었으면 해.

1 **Is there any particular reason for that?**
이z 데(th)얼 에니 펄티큘럴 뤼즌 폴(f) 데(th)t?

그러한 특별한 이유가 있니?

2 **We elect a president every 5 years.**
위 일렉t 어 프레지던t 에브(v)리 파(f)이v 이얼s.

우리는 5년마다 대통령을 뽑아.

3 **I am conservative/progressive.**
아임 콘썰버(v)티v/프로그뤠씨v.

나는 보수적이야/진보적이야.

4 **I lean to the left/right.**
아이 린(L) 투 더(t) 레(L)ft/롸이t.

나는 (정치적으로) 왼쪽/오른쪽이야.

5 **I like the political platform of ~.**
아이 라(L)익 더(th) 폴리리컬 플레t폼(f) 오v ~.

나는 ~의 정치 공약이 좋아.

6 **It's the lesser of two evils.**
이ts 더(th) 레(L)썰 오v 투 이블(v)s.

둘 다 별로지만 그나마 나아.

정치에 관련된 자주 쓰이는 단어 **9**

❶ vote: 투표 (보(v)우t)　　　　❷ election: 선거 (일렉션)

❸ right: 우익 (롸이t)　　　　　❹ left: 좌익 (레(L)ft)

❺ conservative: 보수 (콜썰버(v)티v)　❻ progressive: 진보 (프로그뤠씨v)

❼ republic: 공화당 (뤼퍼블리k)　❽ policy: 정책 (팔러씨)

❾ political platform: 정치 공약(폴리리컬 플레t폼(f))

053 종교

3 핵심표현

What's your religion?
와ts 유얼 뤼ㄹ리젼?

넌 종교가 뭐야?

ⓐ **What's your religion?**
왓ts 유얼 뤼ㄹ리젼?

넌 종교가 뭐야?

ⓑ **I am a Christian.**
아이엠 어 크뤼s쳔.

나는 기독교인이야.

Are you curious about religion?
얼유 큐뤼어s 어바우t 뤼ㄹ리젼?

너는 종교에 호기심이 있니?

ⓐ **Are you curious about religion?**
얼유 큐리어s 어바우t 뤼ㄹ리젼?

너는 종교에 호기심이 있니?

ⓑ **Yes, I am.**
예s, 아이엠.

응, 관심 있어.

I was born in a 종교 family.
아이 워z 본 인 어 종교 페(f)멀리.

나는 종교 가정에서 태어났어.

ⓐ **Could you tell me about your religion?**
쿠쥬 텔미 어바우t 유얼 뤼ㄹ리젼?

종교에 대해 말해줄래?

ⓑ **I was born in a Christian family.**
아이 워z 본 인 어 크뤼s쳔 페(f)멀리.

나는 기독교 가정에서 태어났어.

1 **I am (not) a religious person.**
아이엠 (낫) 어 륄리져s 펄쓴.

나는 종교적인 사람이 (아니)야.

2 **I converted from 이전 종교 to 현재 종교.**
아이 컨벌(v)티d 프(f)럼 이전 종교 투 현재 종교.

난 이전 종교에서 현재 종교로 개종했어.

3 **I go to church every Sunday.**
아이 고우 투 쳘ch 에브(v)리 썬데이.

나는 매주 교회에 가.

4 **I believe in ~.**
아이 빌리v 인 ~.

나는 ~를 믿어.

5 **Religion has great influence on our lives.**
륄리젼 해z 그뤠잇 인플(f)루언s 온 아월 라(L)이브(v)s.

종교는 삶에 큰 영향력을 미쳐.

6 **I am an atheist.**
아이엠 언 에이띠(th)스t.

난 무신론자야.

❶ faith: 믿음 (페(f)이th)
❷ Buddhism: 불교 (부디즘)

❸ Islam: 이슬람 (이슬럼)
❹ Hinduism: 힌두교 (힌두이즘)

❺ Atheism: 무신론 (에이띠(th)즘)
❻ Christianity: 기독교 (크뤼s쳐니티)

❼ Catholicism: 천주교 (커톨(th)러씨즘)

❽ The Anglican Domain: 성공회 (디(th)엥글리칸도메인)

❾ conservative: 보수적인 (콘썰버(v)티v)

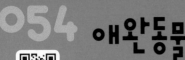

054 애완동물

3 핵심표현

Do you have a pet?
두유 해v 어 패t?

애완동물 있니?

ⓐ Do you have a pet?
두유 해v 어 패t?

애완동물 있니?

ⓑ Yes, I do. I have a dog.
예s 아이두. 아이 해v 어 더g.

응, 난 강아지가 있어.

I am raising ~.
아이엠 뤠이징 ~.

나는 ~을 키우고 있어.

ⓐ What are you raising?
와럴유 뤠이징?

뭘 키우고 있니?

ⓑ I am raising a cat.
아이엠 뤠이징 어 캐t.

나는 고양이를 키우고 있어.

What species is it?
왓 스뻬씨s 이z 이t?

무슨 종이야?

ⓐ What species is it?
왓 스뻬씨s 이z 이t?

무슨 종이야?

ⓑ It's an arctic wolf.
이ts 언 알k틱k 울f.

이것은 북극늑대야.

추가표현 6

1 **My pet is ~ years old.**
마이 패t 이z ~ 이얼s 올d.

내 애완동물은 ~살이야.

2 **What do you like the most about your pet?**
왓 두유 라(L)익 더(th) 모st 어바웃 유얼 패t?

너의 애완동물의 어떤 면이 가장 좋니?

3 **Raising pets requires responsibility.**
뤠이징 페ts 뤼콰이얼s 뤼s빤서빌리티.

애완동물을 키우는 건 책임감이 있어야해.

4 **I am allergic to ~.**
아이엠 얼럴쥑 투 ~.

나는 ~에 알레르기가 있어.

5 **My pet is my best friend.**
마이 패t 이z 마이 베st 프(f)렌d.

내 애완동물은 내 최고의 친구야.

6 **I walk, bathe and feed my pet.**
아이 워k, 베이드(th) 엔 피(f)~d 마이 패t.

나는 내 애완동물을 산책시키고 씻기고 먹여줘.

애완동물에 관련된 자주 쓰이는 단어 9

❶ hamster: 햄스터 (햄스털)

❷ dog: 강아지 (더g)

❸ cat: 고양이 (캣t)

❹ chick: 병아리 (취k)

❺ bird: 새 (벌d)

❻ spider: 거미 (스빠이덜)

❼ snake: 뱀 (스네이k)

❽ pig: 돼지 (피g)

❾ lizard: 도마뱀 (리(L)절d)

055 축구

3 핵심표현

~ is my favorite soccer player.
~ 이z 마이 페(f)이버(v)륏 싸컬 플레이얼.

~는 내가 가장 좋아하는 축구선수야.

Ⓐ Do you know any soccer player?
두유 노우 에니 싸컬 플레이얼?

아는 축구선수 있니?

Ⓑ Yes, Messi is my favorite soccer player.
예s, 메씨 이z 마이 페(f)이버(v)륏 싸컬 플레이얼.

응, 메시는 내가 가장 좋아하는 축구선수야.

Soccer is popular in Korea.
싸컬 이z 파퓰럴 인 코뤼아.

축구는 한국에서 인기가 많아.

Ⓐ Why do Koreans play soccer a lot?
와이 두 코뤼언s 플레이 싸컬 얼라t?

왜 한국 사람들은 축구를 자주 해?

Ⓑ Soccer is popular in Korea.
싸컬 이z 파퓰럴 인 코뤼아.

축구는 한국에서 인기가 많아.

~'s got a lot of pace.
~z 가t 얼라로v 페이s.

~는 정말 빨라.

Ⓐ Do you know Messi?
두유 노우 메씨?

너 메시 아니?

Ⓑ Yeah, he's got a lot of pace.
예, 히z 가t 얼라로v 페이스.

응 그는 정말 빨라.

128

1
What a save.
와러쎄이v.

잘 막았다.

2
~ is such a great player.
~ 이z 써춰어 그뤠잇 플레이얼.

~는 정말 대단한 선수야.

3
S/he is an attacker.
쉬/히 이z 언 어테껄.

그/그녀는 공격수야.

4
S/he is a defender.
쉬/히 이z 어 디펜(f)덜.

그/그녀는 수비수야.

5
Messi is the best striker.
메씨 이z 더(th) 베st 스츄롸이커엌.

메시는 최고의.스트라이커야.

6
They are rivals.
데(th)이 얼 롸이벌(v).

그들은 라이벌이야.

축구 포지션에 관련된 단어 9

❶ forward: 공격수 (포(f)월d)　　❷ defender: 수비수 (디펜(f)덜)

❸ right wing: 오른쪽 공격수 (롸잇윙)　❹ left wing: 왼쪽 공격수 (레(L)ft윙)

❺ center back: 중앙 수비수 (쎈털베k)　❻ right back: 오른쪽 수비수 (롸잇베k)

❼ left back: 왼쪽 수비수 (레(L)ft베k)　❽ sweeper: 최종 수비수 (스위뻘)

❾ goal keeper: 골키퍼 (골키뻘)

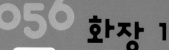

056 화장 1

3 핵심표현

I apply/applied 화장품.
아이 어플라이/어플라이d 화장품.

나는 화장품을 발라/발랐어.

Ⓐ You look so beautiful today!
율룩 쏘 뷰리풀(f) 투데이!

너 오늘 너무 예쁘다!

Ⓑ I applied eyeliner today.
아이 어플라이d 아일라이널 투데이.

오늘 아이라이너 발랐어.

I use 화장품.
아이 유z 화장품.

나는 화장품을 사용해.

Ⓐ How do you make your skin softer?
하우 두유 메익 유얼 스낀 쏘f털?

피부 부드럽게 하려고 뭐 쓰니?

Ⓑ I use this moisturizer.
아이 유z 디(th)s 모이s츄라이절.

나는 이 수분 제공 크림을 사용해.

화장품 makes your face ~.
화장품 메익스 유얼 페(f)이s~.

화장품은 너의 얼굴을 ~하게 해.

Ⓐ The foundation makes your face bright.
더(th) 파(f)운데이션 메익s 유얼 페(f)이s 브롸이t.

이 파운데이션은 너의 얼굴을 밝게 해.

Ⓑ Let me try.
레(L)t 미 츄라이.

한번 써볼게.

130

1 **I shape my eyebrows.**
아이 쉐입 마이 아이브롸우s.

나는 내 눈썹을 그려.

2 **I want to make my face look tan.**
아이 원투 메익 마이 페(f)이s 룩(L) 텐.

나는 얼굴이 타 보이게 하고 싶어.

3 **I darkened my skin.**
아이 달끈d 마이 스낀.

나는 피부를 검게 했어.

4 **I lightened my makeup.**
아이 라(L)이튼d 마이 메이껍.

나는 화장을 연하게 했어.

5 **I intensified eyeshadow.**
아이 인텐씨파(f)이d 아이쉐도우.

나는 아이섀도를 진하게 했어.

6 **I am filling in my eyebrows.**
아이엠 필(f)링 인 마이 아이브롸우z.

나는 눈썹을 진하게 하고 있어.

❶ foundation: 파운데이션 (파(f)운데이션)

❷ nail polish: 매니큐어 (네일 펄리sh)

❸ sponge: 스폰지 (스뻔지)   ❹ concealer: 컨실러 (컨씰럴)

❺ blusher: 연지 (블러쎌)   ❻ brush: 붓 (브러sh)

❼ lip gloss: 립그로스 (립(L)글로s)   ❽ mascara: 마스카라 (메s꼐롸)

❾ mirror: 거울 (미럴)

057 화장 2

3 핵심표현

It ~ my face/lips/eyes/cheeks.
이t ~ 마이 페(f)이s/립s/아이z/쳌s.

이것은 나의 얼굴/입술/눈/볼을 ~하게 해.

Ⓐ **What's that?**
와ts 데(th)t?

그거 뭐야?

Ⓑ **It illuminates my face.**
이t 일루미네이ts 마이 페(f)이s.

이건 내 얼굴을 윤기나게 해.

I need to hide my ~.
아이 니투 하이d 마이 ~.

나는 ~를 가려야겠어.

Ⓐ **I need to hide my freckles.**
아이 니투 하이d 마이 프(f)레끌s.

나 내 주근깨 좀 가려야겠어.

Ⓑ **Why don't you use the concealer?**
와이 돈츄 유z 더(th) 컨씰럴?

컨실러 써보는 게 어때?

I need to remove my 화장품.
아이 니투 뤼무v 마이 화장품.

내 화장품을 지워야겠어.

Ⓐ **I need to remove my mascara.**
아이 니투 뤼무v 마이 메s께롸.

내 마스카라 좀 지워야겠어.

Ⓑ **Let me help you.**
레(L)t 미 헬쀼.

내가 도와줄게.

132

1
I want to look ~.
아이 원투 루(L)k ~.

나는 ~하게 보이고 싶어.

2
I want to straighten/curl my hair.
아이 원투 스츄뤠이튼/커얼 마이 헤얼.

난 내 머리를 펴고/컬 하고 싶어.

3
I enhanced the contour of my lips.
아이 인핸s 더(th) 컨투얼 오v 마이 립(L)s.

나는 입술라인을 진하게 했다.

4
I highlighted my cheekbones.
아이 하일라이리d 마이 췩본s.

나는 볼을 강조했다.

5
I blend my foundation into my neck.
아이 블렌d 마이 파(f)운데이션 인투 마이 네k.

난 파운데이션을 목에 스며들게 한다.

6
I use blurring effects to hide freckles.
아이 유z 블러륑 이펙(f)ts 투 하이d 프(f)레끌s.

나는 주근깨를 숨기려고 번짐 효과를 쓴다.

❶ **moisturizer**: 보습제 (모이s츄롸이절)
❷ **eyelash curler**: 아이래시 컬러 (아일레sh 커얼럴)
❸ **eyeshadow**: 아이섀도 (아이쉐도우)
❹ **makeup remover**: 메이크업 리무버 (메이껍뤼무벌(v))
❺ **powder**: 파우더 (파우덜) ❻ **lipstick**: 립스틱 (립(L)s틱k)
❼ **eyeliner**: 아이라이너 (아일라이널) ❽ **lipliner**: 립라이너 (립(L)라이널)
❾ **hair dye**: 염색제 (헤얼다이)

058

경제 1

 핵심표현

I earn money by ~.
아이 언 머니 바이 ~.

나는 ~로 돈 벌어.

Ⓐ What do you do for a living?
왓 두유 두 포(f)러 리(L)빙(v)?

직업이 뭐예요?

Ⓑ I earn money by doing YouTube.
아이 언 머니 바이 두잉 유튜b.

저는 유튜브로 돈 벌
어요.

My salary is ~.
마이 쎌러뤼 이z ~.

내 봉급은 ~야.

Ⓐ How much do you earn?
하우 머ch 두유 언?

너 얼마나 버니?

Ⓑ My monthly salary is 2,000 dollars.
마이 먼쓸(th)리 쎌러뤼 이z 투 싸(th)우전 달럴s.

내 월급은 2천 달려야.

I barely make ends meet.
아이 베얼리 메익 엔z 미~t.

먹고 살기 힘들어.

Ⓐ Are you ok?
얼 유 오케이?

너 괜찮니?

Ⓑ I barely make ends meet nowadays.
아이 베얼리 메익 엔z 미~t 나우어데이z.

요즘 먹고 살기 힘
들어.

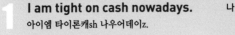

1 **I am tight on cash nowadays.**
아이엠 타이론캐sh 나우어데이z.

나 요즘 현금이 거의 없어.

2 **I need to tighten my belt.**
아이 니투 타이튼 마이 벨t.

절약해야 해.

3 **I've been saving money to/for ~.**
아이v 빈 쎄이빙(v) 머니 투/폴(f) ~.

~하려고/~을 위해 돈을 모으고 있어.

4 **I am out of debt.**
아이엠 아우로v 데t.

나는 빚을 다 갚았어.

5 **I am on a tight budget.**
아이엠 온 어 타잇버쥐t.

나는 예산이 별로 없어.

6 **I am broke.**
아이엠 브로k.

나 돈 하나도 없어.

❶ earn: 벌다 (언)

❷ save: 절약하다 (쎄이v)

❸ spend: 쓰다 (스뺀d)

❹ repay: 갚다 (뤼페이)

❺ cash: 현금 (캐sh)

❻ budget: 예산 (버쥐t)

❼ debt: 빚 (데t)

❽ salary: 봉급 (쎌러뤼)

❾ broke: 파산한 (브로k)

059

경제 2

 핵심표현

How much does it cost to ~?
하우 머ch 더z잇 커스 투 ~?

~하는 데 얼마예요?

A How much does it cost to live here?
하우 머ch 더z잇 커스 투 리(L)v 히얼?

여기서 사는 데 얼마예요?

B About 1,000 dollars a month.
어바우t 원 따(th)우전 달럴s 어 먼th.

한 달에 천 달러 정도야.

~ cost(s) an arm and a leg.
~ 커스t(s) 언 암엔어레g.

~는 정말 비싸.

A This hat costs an arm and a leg.
디(th)s 해t 커스ts 언 암엔어레g.

이 모자는 정말 비싸.

B I think so too.
아이 띵(th) 쏘 투.

나도 그렇게 생각해.

I mostly spend money on ~.
아이 모s틀리 스뺀d 머니 온 ~.

저는 돈을 주로 ~에 써요.

A What do you spend money for?
왓 두유 스뺀d 머니 폴(f)?

넌 돈을 뭐에 쓰니?

B I mostly spend money on eating.
아이 모s틀리 스뺀d 머니 온 이링.

저는 주로 먹는 데 돈을 써요.

I need to take out a loan.
아이 니투 테이까웃 어 로(L)운.

나는 대출해야 해.

I live off my parents.
아이 리(L)v 오f 마이 페어뤈ts.

나는 부모님에 의지해서 살아.

I live from hand to mouth.
아이 리(L)v 프(f)럼 핸투마우th.

나는 간신히 먹고 살아.

I got some money put aside.
아이 갓 썸 머니 푸러싸이d.

돈을 좀 남겨놨어.

I need to repay my debt.
아이 니투 뤼페이 마이 데t.

나는 빚을 갚아야 해.

My company is in the black/red.
마이 컴퍼니 이z 인 더 블래k/뤠d.

내 회사는 적자/흑자야.

❶ cost: 비용이 들다 (커스t)

❷ take out: 대출하다 (테이까웃t)

❸ put aside: 남겨두다 (푸러싸이d)

❹ live off: 의지해 살다 (리(L)v 오f)

❺ repay: 갚다 (뤼페이)

❻ loan: 대출 (로(L)운)

❼ black: 적자 (블래k)

❽ red: 흑자 (뤠d)

❾ arm and a leg: 큰 돈 (암엔어레g)

Part 3 주제에 대해 대화하기

거주지

3 핵심표현

I live in an apartment.
아이 리(L)v 인 언 어팔t먼t.

나는 아파트에 살아.

A Where do you live?
웨얼 두유 리(L)v?

년 어디 사니?

B I live in an apartment.
아이 리(L)v 인 언 어팔t먼t.

나는 아파트에 살아.

How much is the rental fee?
하우 머ch 이z 더(th) 뤤털피(f)?

렌트비용이 얼마인가요?

A How much is the rental fee?
하우 머ch 이z 더(th) 뤤털피(f)?

임대료 얼마예요?

B 1,000 dollars a month.
원 따(th)우전 달럴s 어 먼th.

한 달에 1,000달러입니다.

I share a kitchen with others.
아이 쉐얼 어 키췬 위th 아덜(th)s.

다른 사람들과 부엌을 같이 써.

A Do you have a kitchen in your home?
두유 해v 어 키췬 인 유얼 홈?

년 집에 부엌 있니?

B I share a kitchen with others.
아이 쉐얼 어 키췬 위th 아덜(th)s.

다른 사람들과 부엌을 같이 써.

1 I am looking for a flat.
아임 루(L)낑 폴(f) 어 플(f)레t.

나는 연립주택을 찾고 있어.

2 How far is it from ~?
하우 팔(f) 이z잇 프(f)럼~?

거기는 ~에서 얼마나 멀어?

3 What utilities are covered?
왓 유틸리리s 얼 커벌(v)d?

어떤 시설이 비용에 포함되죠?

4 Does it have ~?
더z잇 해v ~?

~ 있나요?

5 I can't afford this apartment.
아이 캔t 어폴(f) 디(th)s 어팥t먼t.

나는 이 집에 살 돈이 없어.

6 I am going to move out.
아이엠 고잉투 무v 아우t.

나는 이사 갈 거야.

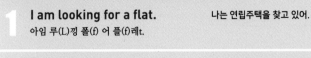
거주지에 관련된 자주 쓰이는 단어 **9**

❶ apartment: 아파트 (어팥t먼t) ❷ dormitory: 기숙사 (돌미터뤼)

❸ flat: 연립주택 (플(f)레t) ❹ rental fee: 임대료 (뤤털피(f))

❺ deposit: 보증금 (디파지t) ❻ roommate: 룸메이트 (룸메이t)

❼ utility: 시설 (유틸리리) ❽ cover: 포함하다 (커벌(v))

❾ move out/in: 이사 가다/오다 (무v 아우t/인)

Part 3 주제에 대해 대화하기

비즈니스 영어

·················

061 스케줄 관련 표현

핵심표현

Can/could we push back ~?
캔/쿳 위 푸sh 베k ~?

~를 좀 미뤄도 될까요?

ⓐ Can we push back the meeting?
켄 위 푸sh 벡k 더(th) 미팅?

회의를 좀 미뤄도 될까요?

ⓑ Of course.
옵코얼s.

물론이지.

Can/could we reschedule ~?
켄/쿳 위 뤼스케줄 ~?

~ 스케줄 다시 짤 수 있나요?

ⓐ The meeting will be at 2 pm.
더(th) 미팅 윌 비 엣 투 피엠.

회의는 오후 2시입니다.

ⓑ Can we reschedule the meeting?
캔 위 뤼스케줄 더(th) 미팅?

회의 스케줄 바꿀 수 없나요?

I am/was too busy with ~.
아이엠/워즈 투 비지 위th ~.

~때문에 너무 바빠요/바빴어요.

ⓐ Why didn't you answer me?
와이 디든츄 엔썰 미?

왜 나한테 대답하지 않았어?

ⓑ I was too busy with it.
아이워즈 투 비지 위th 이t.

이것 때문에 너무 바빴어요.

1 **I am running behind schedule.**
아이엠 뤄닝 비하인d 스케줄.

나 지금 (스케줄상) 조금 뒤쳐졌어.

2 **I am running ahead of schedule.**
아이엠 뤄닝 어해로v 스케줄.

나 지금 (스케줄상) 앞섰어.

3 **We are running out of time.**
위얼 뤄닝 아우로v 타임.

우리 시간이 없어(서둘러야 해).

4 **Can we put off ~?**
캔 위 푸t 오f ~?

~을 좀 미뤄도 될까요?

5 **Can we bring ~ forward?**
캔 위 브륑 ~ 폴(f)월d?

~를 앞당길 수 있나요?

6 **We need to hurry up.**
위 니투 허뤼어p.

우리 서둘러야 해.

❶ meeting: 회의 (미팅)

❷ conference: 회담 (컨퍼(f)런s)

❸ ceremony: 행사 (쎄뤄모니)

❹ presentation: 발표 (프리젠테이션)

❺ project: 프로젝트 (프로젝t)

❻ deadline: 마감일 (데d라인)

❼ appointment: 약속 (어포인t먼t)

❽ reservation: 예약 (뤠졀베(v)이션)

❾ banquet: 연회(뱅꾸엣t)

062 회의하기
(시작하기)

3 핵심표현

Good morning/afternoon/evening.
굿 몰닝/에프(f)털눈/이브(v)닝.

안녕하세요.

Ⓐ Good morning, everyone.
굿몰닝 에브(v)리원.

모두 안녕하세요.

Ⓑ Good morning.
굿몰닝.

안녕하세요.

Is everyone here?
이z 에브(v)리원 히얼?

모두 다 왔나요?

Ⓐ Is everyone here?
이z 에브(v)리원 히얼?

모두 다 왔나요?

Ⓑ Sam is on his way.
쌤 이z 온 히s 웨이.

쌤은 오고 있어요.

Ok, let's start the meeting.
오케이, 레(L)ts 스딸 떠(th) 미팅.

자, 회의를 시작
합시다.

Ⓐ I am here.
아이엠 히얼.

저 왔어요.

Ⓑ Ok, let's start the meeting.
오케이 레(L)ts 스딸 떠(th) 미팅.

자, 회의를 시작
합시다.

1 **Our main goal is to ~.**
아월 메인 골 이z 투~.

우리가 할 일은 ~입니다.

2 **We will discuss ~.**
위 윌 디s꺼s ~.

우리는 ~에 대해 얘기하겠습니다.

3 **Let's start with ~.**
레(L)ts 스딸t 위th ~.

~부터 시작합시다.

4 **First, let me check attendance.**
펄(f)st, 렛(L) 미 췌k 어텐던s.

먼저 출석을 부르겠습니다.

5 **Today's topic/agenda is ~.**
투데이s 토피k/어젠더 이z ~.

오늘의 주제/안건은 ~입니다.

6 **We have a special guest today.**
위 해v 어 스뻬셜 게st 투데이.

오늘 특별 손님이 있습니다.

회의 시작에 관련된 자주 쓰이는 단어 **9**

❶ start: 시작하다 (스딸t)   ❷ begin: 시작하다: (비긴)

❸ get started: 시작하다 (게t 스딸티d) ❹ commence: 시작하다 (커맨s)

❺ share: 나누다 (쉐얼)   ❻ address: 다루다 (어쥬뤠s)

❼ discuss: 토의하다 (디s꺼s)   ❽ agenda: 안건 (어젠더)

❾ talk about: ~에 대해 얘기하다 (토꺼바우t)

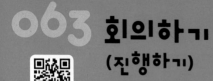

063 회의하기 (진행하기)

3 핵심표현

Let's review our last meeting.
레(L)ts 리뷰(v) 아월 라(L)st 미팅.

지난 회의 내용을 살펴봅시다.

ⓐ **Let's review our last meeting.**
레(L)ts 리뷰(v) 아월 라(L)st 미팅.

지난 회의 내용을 살펴봅시다.

ⓑ **That would be great.**
뎃(th) 웃삐 그뤠이t.

좋습니다.

Now, let's move on to ~.
나우, 레(L)ts 무v 온 투 ~.

이제 ~로 넘어갑시다.

ⓐ **Now, let's move on to the next topic.**
나우, 레(L)ts 무v 온 투 더(th) 넥st 토피k.

이제 다음 주제로 넘어가겠습니다.

ⓑ **Okay!**
오케이!

네, 알겠습니다!

What do you think of ~?
왓 두유 띵(th)k 오v ~?

~에 대해 어떻게 생각하죠?

ⓐ **What do you think of the new policy?**
왓 두유 띵(th)k 오v 더(th) 뉴 팔러씨?

새로운 정책에 대해 어떻게 생각하죠?

ⓑ **I really like it.**
아이 뤼얼리 라(L)이끼t.

정말 좋아요.

146

1 이름, **can you tell us about ~?**
이름, 캔유 텔러s어바우t ~?

이름 씨, ~에 대해 이야기해줄 수 있나요?

2 이름, **have you finished ~?**
이름, 해v 유 피(f)니쉬t ~?

이름 씨, ~ 다 끝냈나요?

3 **I'd like to suggest that ~(문장).**
아이들라익투 써줴st 데(th)t ~(문장).

~을 제안합니다.

4 **Could you share your idea on ~?**
쿠쥬 쉐얼 유얼 아이디어 온 ~?

~에 대해 생각을 나눠주시겠어요?

5 **Take your time.**
테익큐얼 타임.

천천히 하세요.

6 **Attention please.**
어텐션 플리z.

집중해주세요.

❶ now: 이제 (나우)

❷ move: 넘어가다 (무v)

❸ turn: 차례 (턴)

❹ vote: 투표하다 (보(v)우t)

❺ strategy: 전략 (스츄뤠러지)

❻ recommend: 추천하다 (뤠커맨d)

❼ comment: 논평 (커맨t)

❽ unanimous: 만장일치의 (유나니머s)

❾ brainstorm: 아이디어를 내다 (브뤠인스톰)

064 회의하기
(의견 내기)

3 핵심표현

I (totally) agree with you.
아이 (토틀리) 어그뤼 위th 유.

(전적으로) 동의합니다.

Ⓐ **I think we should postpone it.**
아이 띵(th)k 위 슈d 포st폰 이t.

제 생각에는 이것을 연기해야 합니다.

Ⓑ **I totally agree with you.**
아이 토틀리 어그뤼 위th 유.

전적으로 동의합니다.

Good point!
굿 포인t!

좋은 지적이야!

Ⓐ **We should reduce prices.**
위 슛 뤼듀s 프롸이쓰s.

저희는 가격을 낮춰야 합니다.

Ⓑ **Good point!**
굿 포인t!

좋은 지적이야!

That's interesting.
데(th)ts 인터뤠s띵.

흥미롭군요.

Ⓐ **How about increasing the price?**
하우 어바웃 인크뤼씽 더 프롸이s?

가격을 올리는 건 어떤가요?

Ⓑ **That's interesting.**
데(th)ts 인터뤠s띵.

흥미롭군요.

1 I am not sure about that.
아이엠 나t 슈얼 어바웃 데(th)t.

그건 잘 모르겠네요. (부정할 때)

2 I am afraid I can't agree with you.
아이엠 어프(f)뤠이d 아이 캔t 어그뤼 위th 유.

미안하지만 동의하지 않아요.

3 I am sorry, I see it differently.
아이엠 쏘뤼, 아이 씨잇 디프(f)런틀리.

미안하지만 저는 다르게 봐요.

4 I disagree with you.
아이 디s어그뤼 위th 유.

저는 반대해요.

5 No way!
노우 웨이!

말도 안 돼!

6 I didn't see that coming.
아이 디든 씨 뎃(th) 컴잉.

그게 나올 줄 몰랐네요.

의견 내기에 자주 쓰이는 단어 9

❶ well: 음 〈의성어〉 (웰)

❷ actually: 사실 (엑츄얼리)

❸ but: 하지만 (버t)

❹ afraid: 미안한 (어프(f)뤠이d)

❺ sorry: 미안한 (쏘뤼)

❻ true: 진실의 (츄루)

❼ point: 주장, 요점 (포인t)

❽ idea: 아이디어 (아이디어)

❾ good: 좋아 (구d)

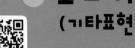

065 회의하기
(기타표현)

핵심표현

~ can't be with us today.
~ 캔t 비 위th 어s 투데이.

~는 오늘 오지 못했습니다.

Ⓐ Where is John?
웨얼 이z 좐?

존 어디 있어요?

Ⓑ He can't be with us today.
히 캔t 비 위th 어s 투데이.

존은 오늘 오지 못했습니다.

~(사람) will lead ···(인도되는 것).
~(사람) 윌 리(L)~d ···(인도되는 것).

~가 ···을 인도하겠습니다.

Ⓐ Sam will lead today's meeting.
쌤 윌 리(L)~d 투데이s 미팅.

샘이 오늘 회의를 인도하겠습니다.

Ⓑ Ok, let's get started.
오케이, 레(L)ts 게t 스딸티d.

자, 이제 시작합시다.

Each presenter has ~ minutes.
이취 프리젠털 해z ~ 미니ts.

각 발표자에게 ~분이 주어집니다.

Ⓐ Each presenter has six minutes.
이취 프리젠털 해z 씩s 미니ts.

각 발표자에게 6분이 주어집니다.

Ⓑ I'll go first.
아일 고우 펄(f)st.

제가 먼저 하겠습니다.

1 Please go on.
플리z 고우 온.

계속해주세요.

2 Let me summarize ~.
레(L)t 미 썸머롸이z ~.

~를 요약하겠습니다.

3 Any questions?
애니 퀘s쳔s?

질문 있나요?

4 Is everything clear?
이z 에브(v)리떵(th) 클리얼?

다 확실히 이해됐나요?

5 That's it for today.
데(th)ts 잇 폴(f) 투데이.

오늘은 여기까지 해요.

6 Thank you for listening.
땡(th)큐 폴(f) 리(L)s닝.

들어주셔서 감사합니다.

1 thanks: 고마워요 (땡(th)s)

2 apologies: 미안합니다 (어팔러쥐s)

3 sorry: 미안합니다 (쏘뤼)

4 please: 제발 (플리z)

5 so: 그래서 (쏘/쏘우)

6 but: 하지만 (벗t)

7 totally: 완벽히 (토를리)

8 then: 그리고 (덴(th))

9 okay: 그래 (오케이)

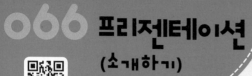

066 프리젠테이션
(소개하기)

3
핵심표현

Good morning everyone.
굿 몰닝 에브(v)리원.

안녕하세요 여러분.

Ⓐ Good morning everyone.
굿몰닝 에브(v)리원.

안녕하세요 여러분.

Ⓑ Good morning.
굿몰닝.

안녕하세요.

*점심 때는 afternoon, 저녁 때는 evening을 사용함

I am ~(직업, 이름, 직무…).
아이엠 ~.

저는 ~입니다.

Ⓐ I am the president of ABC.
아이엠 더(th) 프레지던t 오v 에이비씨.

저는 ABC사의 회장
입니다.

Ⓑ (Applauding)
(어플라우딩)

(박수)

I'll introduce today's speaker.
아일 인츄로듀s 투데이s 스삐컬.

오늘의 강사를 소개하
겠습니다.

Ⓐ I'll introduce today's speaker.
아일 인츄로듀s 투데이s 스삐컬.

오늘의 강사를 소개하
겠습니다.

Ⓑ (Listening)
(리(L)s닝)

(경청)

1 이름 is ~.
이름 이z ~.

이름은 ~입니다.

2 I am pleased to welcome ... to our ~.
아이엠 플리z 투 웰컴 ··· 투 아월 ~.

··· 씨를 우리 ~에 모셔서 기쁩니다.

3 We are all excited to have ... here for ~.
위얼 올 익싸이리d 투 해v ··· 히얼 폴(f) ~.

우리는 ··· 씨가 ~에 오셔서 기쁩니다.

4 I am going to hand you over to ~.
아이엠 고잉투 핸d 유 오벌(v) 투~.

~을 모시겠습니다.

5 ... will talk about ~.
··· 윌 토꺼바우t ~.

···는 ~에 대해 이야기할 것입니다.

6 Please welcome ~.
플리z 웰컴 ~.

~을 환영해주십시오.

❶ fabulous: 굉장한 (페(f)뷸러s) ❷ honor: 영광 (아널)

❸ thrilled: 아주 흥분한 (뜨(th)릴d) ❹ welcome: 환영하다 (웰컴)

❺ applause: 박수 치다 (어플라우z) ❻ sincerely: 정성 어린 (씬씨얼리)

❼ chance: 기회 (첸s) ❽ pleasure: 기쁨 (플레졀)

❾ happy: 행복한 (해삐)

Part 4 비즈니스 영어

067 프리젠테이션
(시작하기)

It's my honor to ~.
이ts 마이 아널 투 ~.

~하게 되어 영광입니다.

Ⓐ It's my honor to give a speech here.
이ts 마이 아널 투 기v 어 스삐ch 히얼.

이곳에서 연설하게 되어 영광입니다.

Ⓑ (Listening)
(리(L)s닝)

(경청)

Let me start with ~ (동사+ing).
레(L)t 미 스딸t 위th ~ (동사 +ing).

~을 하면서 시작하겠습니다.

Ⓐ Let me start with talking about love.
레(L)t 미 스딸t 위th 토낑 어바웃 러(L)v.

사랑에 대해 이야기하면서 시작하겠습니다.

Ⓑ (Listening)
(리(L)s닝)

(경청)

I am ~(직업, 이름, 직무…).
아이엠 ~(직업, 이름, 직무…).

저는 ~입니다.

Ⓐ I am the founder of ABC Company.
아이엠 더(t) 파(f)운덜 오v 에이비씨 컴퍼니.

저는 ABC사의 설립자입니다.

Ⓑ (Applauding)
(어플라우딩)

(박수)

추가표현 6

1 **Today, I'd like to talk about ~.** 오늘 저는 ~에 대해 얘기할 것입니다.
투데이, 아이들라익투 토께바우t ~.

2 **My presentation has ~ main points.** 제 발표는 ~ 가지 주요 부분이 있습니다.
마이 프리젠테이션 헤z ~ 메인 포인ts.

3 **The first subject is ~.** 첫 번째 주제는 ~입니다.
더(th) 펄(f)st 썹젝t 이z ~.

4 **You must know that ~.** ~에 대해 아실 것입니다.
유 머st 노우 뎃(th) ~.

5 **Have you heard of ~?** ~에 대해 들어보셨나요?
해v 유 헐d 오v ~?

6 **Can everyone hear me?** 모두 제 말이 들리시나요?
캔 에브(v)리원 히얼 미?

시작에 자주 쓰이는 단어 9

❶ joke: 농담 (조우k)
❷ statistics: 통계 (스떼티s티ks)
❸ experience: 경험 (익스피어뤼언s)
❹ issue: 이슈 (이쓔)
❺ news: 뉴스 (뉴s)
❻ anecdote: 일화 (에넉도우t)
❼ quote: 인용 (쿠오우t)
❽ question: 질문 (퀘s쳔)
❾ eye-contact: 눈을 맞추는 것 (아이컨텍t)

068 프리젠테이션 (진행하기)

3 핵심표현

You've probably heard about ~.
유v 프라버블리 헐더바우t ~.

~에 대해 들어보셨을 겁니다.

Ⓐ **You've probably heard about it.**
유v 프라버블리 헐더바우리t.

이것에 대해 들어보셨을 겁니다.

Ⓑ **(Listening)**
(리(L)s닝)

(경청)

Now, let's take a look at ~.
나우, 레(L)ts 테이꺼 룩(L)깨t ~.

이제 ~를 한번 봅시다.

Ⓐ **Now, let's take a look at this picture.**
나우, 레(L)ts 테이꺼 룩(L)깻 디(th)s 픽철.

이제 이 사진을 한번 봅시다.

Ⓑ **(Looking at the picture)**
(루(L)낑엣 떠(th) 픽철)

(사진을 봄)

In other words, ~
인 아덜(th) 월z, ~

다시 말해서,

Ⓐ **In other words, life is like a boat.**
인 아덜(th) 월z, 라이f 이z 라(L)이꺼 보우t.

다시 말해서, 인생은 보트 같은 것입니다.

Ⓑ **(Listening)**
(리(L)s닝)

(경청)

1 **Let's move on to ~.**
레(L)ts 무v 온 투 ~.

이제 ~로 넘어갑시다.

2 **This is important because ~.**
디(th)씨s 임폴턴t 비커z ~.

이것은 중요합니다 왜냐하면 ~
때문입니다.

3 **This data/graph/picture shows ~.**
디(th)s 데이터/그뤠f/픽쳘 쇼우s ~.

이 자료/그래프/그림은 ~을 보
여줍니다.

4 **Let me elaborate further.**
레(L)t 미 일레보뤠이t 펄(f)덜(th).

더 자세히 설명드리겠습니다.

5 **According to ~.**
어콜딩 투 ~.

~에 따르면.

6 **That means ~.**
뎃(th) 민z ~.

그것은 ~를 의미합니다.

❶ for example: 예를 들어 (폴(f) 익잼플)
❷ for instance: 예를 들어 (폴(f) 인s턴s)
❸ including: ~를 포함해서 (인클루딩)
❹ in terms of: ~에 대해 말하면 (인텀s오v)
❺ such as: ~처럼 (써ch에z)   ❻ concerning: ~에 대해 (컨썰닝)
❼ regarding: ~에 대해 (뤼갈딩)   ❽ other than: ~ 말고 (아덜(th)덴)
❾ like: ~같이 (라(L)이k)

핵심표현

In conclusion, ~.
인 컨클루젼, ~.

결론적으로, ~.

Ⓐ In conclusion, we should change.
인 컨클루젼, 위 슈d 췌인쥐.

결론적으로, 우린 변해야 합니다.

Ⓑ (Applauding)
(어플라우딩)

(박수)

Thank you for your attention.
땡(th)큐 폴(f) 유얼 어텐션.

집중해주셔서 감사합니다.

Ⓐ Thank you for your attention.
땡(th)큐 폴(f) 유얼 어텐션.

집중해주셔서 감사합니다.

Ⓑ (Applauding)
(어플라우딩)

(박수)

I'd like to finish by ~.
아이들라익투 피(f)니sh 바이 ~.

~로 마무리하겠습니다.

Ⓐ I'd like to finish by shouting.
아이들라익투 피(f)니sh 바이 솨우링.

소리를 지르면서 마무리하겠습니다.

Ⓑ (Listening)
(리(L)s닝)

(경청)

Let me sum up my main points. 주요 사항들을 요약하겠습니다.
레(L)t 미 썸어p 마이 메인 포인ts.

I'd like to close this talk with ~. ~로 마무리했으면 좋겠습니다.
아이들라익투 클로우z 디(th)s 토k 위th ~.

I'd like to wind up by ~. ~ 함으로써 마무리하겠습니다.
아이들라익투 와인d 업 바이 ~.

To summarize, ~. 요약하자면, ~.
투 썸머롸이z, ~.

Any questions? 질문 있나요?
애니 퀘s쳔s?

That's a great question. 좋은 질문입니다.
뎃(th)처 그뤠잇 퀘s쳔.

❶ end: 끝내다 (엔d)   ❷ finish: 마치다 (피(f)니sh)

❸ wrap up: 마무리하다 (뤠뻐p)   ❹ wind up: 마치다 (와인더p)

❺ close: 닫다 (클로우z)   ❻ conclude: 결론짓다 (컨크루d)

❼ recap: 요약하다 (뤼케p)   ❽ summarize: 요약하다 (썸머롸이z)

❾ sum up: 요약하다 (썸어p)

Part 4 비즈니스 영어

 핵심표현

I am ~.
아이엠 ~.

저는 ~입니다.

Ⓐ **I am a great team player.**
아임 어 그뤠잇 팀 플레이얼.

저는 훌륭한 팀플레이어입니다.

Ⓑ **Could you give me an example?**
쿠쥬 기v 미 언 익잼플?

예를 좀 들어줄 수 있나요?

I can ~.
아이 캔 ~.

저는 ~를 할 수 있습니다.

Ⓐ **I can organize things well.**
아이 캔 올거나이z 띵(th)s 웰.

저는 정리를 잘합니다.

Ⓑ **Great!**
그뤠이t!

잘됐네요!

My motto is ~.
마이 모로 이z ~.

제 좌우명은 ~입니다.

Ⓐ **My motto is responsibility.**
마이 모로 이z 뤼스빤써빌리티.

저의 좌우명은 책임감입니다.

Ⓑ **Any reason for that?**
에니 뤼즌 폴(f) 데(th)t?

그러한 이유가 있나요?

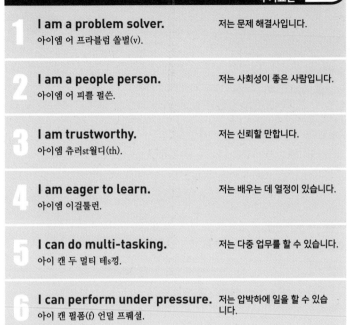

1 **I am a problem solver.**
아이엠 어 프라블럼 쏠벌(v).

저는 문제 해결사입니다.

2 **I am a people person.**
아이엠 어 피쁠 펄쓴.

저는 사회성이 좋은 사람입니다.

3 **I am trustworthy.**
아이엠 츄러st월디(th).

저는 신뢰할 만합니다.

4 **I am eager to learn.**
아이엠 이걸툴런.

저는 배우는 데 열정이 있습니다.

5 **I can do multi-tasking.**
아이 캔 두 멀티 테s낑.

저는 다중 업무를 할 수 있습니다.

6 **I can perform under pressure.**
아이 캔 펄폼(f) 언덜 프뤠셜.

저는 압박하에 일을 할 수 있습니다.

① motivator: 동기부여자 (모리베(v)이럴)

② problem solver: 해결사 (프라블럼쏠벌(v))

③ people person: 사회성이 좋은 사람 (피쁠 펄쓴)

④ team player: 팀 플레이어 (팀 플레이얼)

⑤ hard-working: 근면한 (할d월낑) **⑥** committed: 헌신적인 (커미리d)

⑦ honest: 정직한 (어니st) **⑧** easy-going: 마음 편한 (이지고잉)

⑨ proactive: 상황을 주도하는 (프로엑띠v)

071 인터뷰 2
(경력 이야기하기)

핵심표현

I was born and raised in ~.
아이 워z 본 엔 뤠이zd 인 ~.

저는 ~에서 태어나 자랐습니다.

ⓐ Could you introduce yourself?
쿠쥬 인츄로듀s 유얼 셀f?

소개를 좀 해줄래요?

ⓑ I was born and raised in Seoul.
아이 워z 본 엔 뤠이zd 인 써울.

저는 서울에서 태어나 자랐습니다.

I attended ~ university.
아이 어텐디d ~ 유니벌(v)씨티.

저는 ~ 대학에 다녔습니다.

ⓐ Where did you study?
웨얼 디쥬 스떠디?

어디서 공부했죠?

ⓑ I attended Harvard University.
아이 어텐디d 할벌(v)d 유니벌(v)시티.

저는 하버드 대학에 다녔습니다.

I majored in ~.
아이 메이줠d 인 ~.

저는 ~을 전공했습니다.

ⓐ What did you study?
왓 디쥬 스떠디?

무엇을 공부했죠?

ⓑ I majored in biology.
아이 메이줠d 인 바이얼러쥐.

저는 생물학을 공부했습니다.

I worked as a 직업 at 장소.
아이 월kt 에z 어 직업 엣 장소.

저는 장소에서 직업으로서 일했습니다.

I have ... years of experience as ~.
아이 해v … 이얼z 오v 익스피어뤼언s 에z ~.

저는 ~로 …년 일했습니다.

My main job was to ~.
마이 메인 좝 워z 투 ~.

저는 주로 ~를 했습니다.

It prepared me well for this role.
잇 프리페얼d 미 웰 폴(f) 디(th)s 롤.

그것은 이 역할에 저를 준비시켰습니다.

I developed my ~ skill there.
아이 디벨(v)롭t 마이 ~ 스킬 데(th)얼.

거기서 저는 ~기술을 익혔습니다.

There, I learned that ~.
데(th)얼, 아이 런(L)d 데(th)t ~.

거기서 저는 ~를 배웠습니다.

❶ **communication**: 의사소통 (커뮤니케이션)

❷ **problem-solving**: 문제해결의 (프라블럼 쏠빙(v))

❸ **critical thinking**: 비판적 사고의 (크뤼티컬 띵(th)킹)

❹ **creative: thinking**: 독차적 사고의 (크뤼에이티v 띵(th)킹)

❺ **social**: 사회적인 (쏘셜) ❻ **leadership**: 지도력 (리덜쉽p)

❼ **analytical**: 분석의 (에널레티컬) ❽ **management**: 경영 (메니쥐먼t)

❾ **negotiation**: 협상 (네고쉬에이션)

072 인터뷰 3
(기타표현)

핵심표현

I would love to work here.
아이 우d 러(L)v 투 월k 히얼.

이곳에서 일하면 정말
좋겠습니다.

Ⓐ I would love to work here.
아이 우d 러(L)v 투 월k 히얼.

이곳에서 일하면 정말
좋겠습니다.

Ⓑ What are you good at?
와럴유 구레t?

무엇을 잘하세요?

I want a full-time position.
아이 원 어 풀(f)타임 포지션.

저는 전임으로 일하고
싶습니다.

Ⓐ I want a full-time position.
아이 원 어 풀(f)타임 포지션.

저는 전임으로 일하고
싶습니다.

Ⓑ Why?
와이?

왜 그렇죠?

*full-time position 전임 ⟨-⟩ part-time position 시간제

I want to further my career in ~.
아이 원투 펄(f)덜(th) 마이 커뤼얼 인 ~.

저는 ~에서 저의
경력을 쌓고 싶습니다.

Ⓐ I want to further my career in education.
아이 원투 펄(f)덜(th) 마이 커뤼얼 인 에듀케이션.

저는 교육에서 저의 경
력을 쌓고 싶습니다.

Ⓑ I see.
아이씨.

그러시군요.

164

1 You should hire me because ~.
유 슈d 하이얼 미 비커z ~.

저를 고용하셔야 하는 이유는 ~.

2 I am a perfect fit for this job because ~.
아이엠 어 펄펙(f)t 피(f)t 폴(f) 디(th)s 좝 비커z ~.

저는 이 일에 합당합니다. 왜냐하면 ~

3 This job is in line with my ability.
디(th)s 좝 이z 인 라(L)인 위th 마이 어빌리티.

이 일은 제 능력과 맞습니다.

4 I expect experience-based salary.
아이 익스빽t 익스피어뤼언s 베이s프 쎌러뤼.

경험에 기초한 월급을 원합니다.

5 I take pride in what I do.
아이 테이k 프롸이d 인 와t 아이 두.

제가 하는 일을 자랑스럽게 여깁니다.

6 I won't let you down.
아이 워운t 레(L)t 유 다운.

실망시켜드리지 않겠습니다.

Part 4 비즈니스 영어

① competitive: 경쟁력 있는 (컴페러티v)
② based on: ~에 기초해서 (베이s프 온)
③ responsibility: 책임감 (뤼s빤써빌리티)
④ qualification: 자격 (쿠얼리피(f)케이션)
⑤ salary: 봉급 (쎌러뤼)   ⑥ pursue: 추구하다 (펄수)
⑦ expect: 기대하다 (익스빽t)   ⑧ plan: 계획 (플렌)
⑨ look for: 찾아다니다 (루(L)k 폴(f))

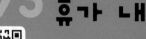

073 휴가 내기

3 핵심표현

I'd like to apply for a leave.
아이들라익투 어플라이 폴(f) 어 리(L)~v.

휴가를 신청하고 싶습니다.

Ⓐ I'd like to apply for a leave.
아이들라익투 어플라이 폴(f) 어 리(L)~v.

휴가를 신청하고 싶습니다.

Ⓑ Sure, are you going somewhere?
슈얼, 얼유 고잉 썸웨얼?

그렇군요, 어디 가는 건가요?

My vacation starts on ~.
마이 베(v)케이션 스딸ts 온 ~.

내 휴가는 ~에 시작해.

Ⓐ My vacation starts on June 3.
마이 베(v)케이션 스딸ts 온 준 떨(th)d.

내 휴가는 6월 3일에 시작해.

Ⓑ I am so jealous of you.
아이엠 쏘 젤러s 오v 유.

부럽다.

How long is your vacation?
하우 롱(L) 이z 유얼 베(v)케이션?

당신의 휴가는 얼마나 길어요?

Ⓐ How long is your vacation this time?
하우 롱(L) 이z 유얼 베(v)케이션 디(th)s 타임?

이번에 당신의 휴가는 얼마나 길어요?

Ⓑ Nine days.
나인 데이z.

9일입니다.

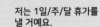

1

I am having a day/week/month off.
아이엠 해빙(v) 어 데이/위~k/먼th 오f.

저는 1일/주/달 휴가를 낼 거예요.

2

~ is on vacation now.
~ 이z 온 베(v)케이션 나우.

~는 지금 휴가 중입니다.

3

~ is on maternity leave.
~ 이z 온 머털니티 리(L)~v.

~는 출산휴가 중입니다.

Part 4 비즈니스 영어

4

Thank you for considering my request.
땡(th)큐 폴(f) 컨씨더륑 마이 뤼퀘st.

제 요청을 고려해주셔서 감사합니다.

5

I'd like to request a leave of absence.
아이들라익투 뤼퀘st 어 리(L)~v 오v 엡쌘s.

휴가를 신청하고 싶습니다.

6

He called in sick today.
히 콜d 인 씨k 투데이.

그는 오늘 전화로 병가를 알렸어.

❶ paternity: 남자 출산 휴가 (퍼털니티)

❷ privilege: 장기휴가 (프뤼빌(v)리지)

❸ earned: 연가 이외에 추가로 얻은 휴가 (언d)

❹ sick: 병가 (씨k) ❺ maternity: 출산휴가 (머털니티)

❻ sabbatical: 안식년 휴가 (써베리컬) ❼ transfer: 이직휴가 (츄렌s펄(f))

❽ casual: 일반휴가 (케쥬얼) ❾ quarantine: 격리휴가 (쿼런틴)

＊ 각 단어 뒤에 leave를 붙이면 됩니다.

신입사원 맞이하기

 핵심표현

Good morning/afternoon/evening! 안녕하세요!
굿 몰닝 / 굿 에프(f)털 눈/ 굿 이브(v)닝!

ⓐ **Good morning!** 안녕하세요!
굿 몰닝!

ⓑ **Good morning!** 안녕하세요!
굿 몰닝!

You must be 이름. 이름 씨죠.
유 머st 비 이름.

ⓐ **You must be Ben.** 벤 씨죠.
유 머st 비 벤.

ⓑ **Yes.** 네 그렇습니다.
예s.

I am 이름. 저는 이름입니다.
아이엠 이름.

ⓐ **I am Jake.** 저는 제이크입니다.
아이엠 줴이k.

ⓑ **What do you do here?** 여기서 무슨 일을 하
왓 두유 두 히얼? 세요?

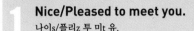

1 **Nice/Pleased to meet you.**
나이s/플리z 투 미t 유.

만나서 반가워요.

2 **I am in charge of ~.**
아이엠 인 촬쥐 오v~.

저는 ~을 합니다.

3 **Let's grab a cup of coffee sometime.**
레(L)ts 그뤠버 커뻐v 커피(f) 썸타임.

언제 커피 한잔해요.

4 **I look forward to working with you.**
아이 루(L)k 폴(f)월 투 월낑 위th 유.

함께 일하게 될 것이 기대돼요.

5 **I've heard a lot about you.**
아이v 헐d 얼라t 어바웃 유.

당신에 대해 많이 들었어요.

6 **I can't wait to work with you.**
아이 캔t 웨잇 투 월k 위th 유.

빨리 같이 일했으면 좋겠어요.

❶ cup of coffee: 커피~잔 (커뻐v커피(f))
❷ look forward to –ing: ~를 기대한다 (루(L)k폴(f)월투~ing)
❸ in charge of: ~ 담당의 (인 촬쥐 오v)
❹ hear/heard/heard: 듣다/들었다/들은 (히얼/헐d/헐d)
❺ grab: 잡다, 잠깐 ~하다 (그뤠b)　❻ nice: 반가운 (나이s)
❼ great: 훌륭한 (그뤠이t)　❽ honor: 영광 (아널)
❾ wait: 기다리다 (웨이t)

075 신입사원으로서 인사하기

3 핵심표현

Nice/Pleased to meet you. 만나서 반가워요.
나이s/플리z 투 미츄.

ⓐ **Nice to meet you.** 만나서 반가워요.
나이s 투 미츄.

ⓑ **Nice to meet you too.** 저도 만나서 반가워요.
나이s 투 미츄 투.

I will be in charge of ~. 저는 ~을 할 거예요.
아이 윌 비 인 촬쥐 오v ~.

ⓐ **I will be in charge of cleaning.** 저는 청소할 거예요.
아이 윌 비 인 촬쥐 오v 클리닝.

ⓑ **I see.** 그러시군요.
아이 씨.

Where are you from? 어디서 오셨어요?
웨얼 얼유 프(f)럼?

ⓐ **Where are you from?** 어디서 오셨어요?
웨얼 얼유 프(f)럼?

ⓑ **I am from California.** 저는 캘리포니아에서 왔습니다.
아이엠 프(f)럼 캘리폴(f)니아.

1 **Do you live in this city?**
두유 리(L)v 인 디(th)s 씨티?

이 도시에 사시나요?

2 **It's my first time to live in this city.**
이ts 마이 펄(f)s 타임 투 리(L)v 인 디(th)s 씨티.

이 도시에서 사는 건 처음이에요.

3 **I was born and raised in this city.**
아이 워z 본 엔 뤠이zd 인 디(th)s 씨티.

전 여기서 태어나서 자랐어요.

4 **How long have you been working here?**
하울 롱 해v 유 빈 월끼히얼?

여기서 얼마 동안 일했어요?

5 **How do you get to work?**
하우 두유 겟투 월k?

회사에 어떻게 오세요?

6 **I take a bus/cab/subway.**
아이 테익꺼 버s/캐b/썹웨이.

버스/택시/지하철을 타요.

Part 4. 비즈니스 영어

❶ how long: 얼마나 오래 (하울롱)　❷ where: 어디서 (웨얼)

❸ what: 무엇 (와t)　❹ why: 왜 (와이)

❺ how: 어떻게 (하우)　❻ when: 언제 (웬)

❼ which: 어떤 (위ch)　❽ whether: 인지 아닌지 (웨덜(th))

❾ how many years: 몇 년 동안 (하우메니이얼z)

076 고객 접대 표현

3 핵심표현

Can I help you with something?
캐나이 핼쀼 위th 썸띵(th)?

무엇을 도와드릴까요?

Ⓐ Can I help you with something?
캐나이 핼쀼 위th 썸띵(th)?

무엇을 도와드릴까요?

Ⓑ I want to buy a car.
아이 원투 바이 어 칼.

차를 사고 싶습니다.

Are you waiting for someone?
얼유 웨이링 폴(f) 썸원?

누구 기다리는 분 있으시나요?

Ⓐ Are you waiting for someone?
얼유 웨이링 폴(f) 썸원?

누구 기다리는 분 있으시나요?

Ⓑ Yes, I have an appointment with Sam.
예s, 아이 해v 언 어포인t먼t 위th 쌤.

네, 저는 쌤과 약속이 있습니다.

~ is in a meeting at the moment.
~ 이z 인 어 미팅 엣 더(th) 모먼t.

~ 씨는 지금 회의 중입니다.

Ⓐ He is in a meeting at the moment.
히 이z 인 어 미팅 엣 더(th) 모먼t.

그는 지금 회의 중입니다.

Ⓑ Ok, I will wait here then.
오케이, 아이 윌 웨위t 히얼 덴(th).

그럼 여기서 기다리겠습니다.

1
~ is on holiday.
~ 이z 온 할러데이.

~는 휴가 중입니다.

2
I will be with you in a minute.
아이 윌 비 위th 유 인 어 미니t.

조금만 기다려주십시오.

3
Thank you for your patience.
땡(th)큐 폴(f) 유얼 페이션s.

기다려주셔서 감사합니다.

4
Sorry to keep you waiting.
쏘뤼 투 키p 유 웨이링.

기다리게 해드려서 죄송합니다.

5
Anything else you need?
에니띵(th) 엘s 유 니d?

또 다른 필요한 것 있으신가요?

6
Have a good day.
해v 어 굿데이.

좋은 하루 보내세요.

❶ help: 돕다 (헬p) ❷ wait: 기다리다 (웨이t)

❸ be: 이다, 있다 (비) ❹ soon: 곧 (쑨)

❺ a second: 잠시 (어쎄컨d) ❻ call: 부르다 (콜)

❼ come: 오다 (컴) ❽ arrive: 도착하다 (어롸이v)

❾ need: 필요하다 (니d)

3 핵심표현

There is a problem with ~.
데(th)어리z어 프라블럼 위th ~.

~에 문제가 있어.

🅐 **There is a problem with my laptop.**
데(th)어리z어 프라블럼 위th 마이 렙타p.

내 노트북에 문제가 있어.

🅑 **Really? Let me see.**
뤼얼리? 레(L)t 미 씨.

그래? 내가 한번 볼게.

The photocopier is jammed/broken.
더(th) 포(f)토카삐얼 이z 줼d/브로끈.

복사기 종이가 껴어/고장 났어.

🅐 **The photocopier is jammed.**
더(th) 포(f)토카삐얼 이z 줼d.

복사기 종이가 껴어.

🅑 **Yeah, that happens a lot.**
예, 데(th)t 해쁜z 얼라t.

응, 자주 그래.

I can't access the Internet/email.
아이 캔t 엑쎼s 디(th) 인털넷/이메일.

인터넷/메일에 접근이 안 돼.

🅐 **I can't access the Internet.**
아이 캔t 엑쎼s 디(th) 인털넷.

인터넷 접근이 안 돼.

🅑 **Neither can I.**
니딜(th) 캐나이.

나도 그래.

1 **My computer doesn't work.**
마이 컴퓨럴 더즌t 월k.

제 컴퓨터가 작동을 안 해요.

2 **Can I see it?**
캐나이 씨 잍?

제가 좀 봐도 될까요?

3 **Can you fix it?**
캔 유 픽(f)s 잍?

이것 고칠 수 있어요?

4 **Let me try.**
레(L)t 미 츄라이.

내가 한번 시도해볼게.

5 **I will turn it off and turn it back on.**
아이 윌 털니t 오f 엔 털니t 벡온.

전원을 껐다가 켜볼게요.

6 **I think we should call a repair man.**
아이 띵(th)k 위 슈d 콜 어 뤼페얼맨.

수리공을 불러야겠네요.

Part 4 비즈니스 영어

① malfunction: 오작동하다 (멜펑(f)션)

② doesn't work: 작동이 안되다 (더즌t 월k)

③ jammed: 종이가 복사기에 낀 (쥄d) ④ broken: 고장 난 (브로끈)

⑤ turn on: 켜다 (턴온) ⑥ turn off: 끄다 (턴오f)

⑦ fix: 고치다 (픽(f)s) ⑧ repair: 고치다 (뤼페얼)

⑨ call: 부르다 (콜)

전화 관련 표현
(사무실에서)

3

핵심표현

Thank you for calling ~.

땡(th)큐 폴(f) 콜링 ~.

~에 전화 주셔서 감사합니다.

Ⓐ Thank you for calling ABC Hospital.

땡(th)큐 폴(f) 콜링 에이비씨 하스삐럴.

ABC 병원에 전화 주셔서 감사합니다.

Ⓑ Hi, I have a question.

하이, 아이 해v 어 퀘s천.

안녕하세요, 질문이 있습니다.

This is ~ speaking.

디(th)씨s ~ 스삐킹.

저는 ~입니다.

Ⓐ This is John speaking.

디(th)씨s 좐 스삐킹.

저는 존입니다.

Ⓑ Hi, I am your customer, Jane.

하이, 아임 유얼 커스터멀, 제인.

안녕하세요 고객 제인입니다.

How may I help you?

하우 메아이 핼쀼?

무엇을 도와드릴까요?

Ⓐ How may I help you?

하우 메아이 핼쀼?

무엇을 도와드릴까요?

Ⓑ The printer is broken again.

더(th) 프린털 이z 브로끈 어겐.

프린터가 또 고장 났습니다.

1 May I ask who's calling?
메아이 에스k 후s 콜링?

누구신지 여쭤봐도 될 까요?

2 I'm afraid I can't answer that.
아임 어프(f)레이d 아이 캔t 엔썰 데(th)t.

죄송하지만 저는 대답해드 릴 수가 없네요.

3 I am sorry s/he is not here today.
아임 쏘뤼 쉬/히 이z 낫 히얼 투데이.

죄송하지만 그녀/그는 오늘 없어요.

4 Could you send me an email, please?
쿠쥬 쎈d 미 언 이메일, 플리z?

이메일 보내주시겠어요?

5 I'll ask him/her to call you.
아이 윌 에스k 힘/헐 투 콜유.

그/그녀에게 전화하라고 할게요.

6 I'll transfer you to the manager.
아일 츄랜스펄(f) 유 투 더 매니절.

매니저에게 연결해드리겠습니다.

전화에 관련된 자주 쓰이는 단어 9

① call: 전화하다 (콜)

② speak: 말하다 (스삐k)

③ help: 돕다 (핼p)

④ answer: 응답하다 (엔썰)

⑤ phone: 전화하다 (폰(f))

⑥ transfer: 연결하다 (츄렌s펄(f))

⑦ email: 이메일 (이메일)

⑧ sorry: 미안하다 (쏘뤼)

⑨ here: 여기 (히얼)

079 기타표현
(축하, 승진, 격려, 퇴직 등)

 핵심표현

Congratulations on ~!
콩그뤠츌레이션s 온 ~!

~ 축하해요!

Ⓐ Congratulations on your wedding!
콩그뤠츌레이션s 온 유얼 웨딩!

결혼 축하해요!

Ⓑ Thank you!
땡(th)큐!

고마워요!

~ got promoted.
~ 가t 프로모우리d.

~ 승진했어요.

Ⓐ You know what? Jack got promoted.
유노우와t? 좩 가t 프로모우리d.

그거 알아? 잭 승진했어.

Ⓑ Really? I gotta congratulate him.
뤼얼리? 아이 가러 콩그뤠츌레이t 힘.

정말? 축하해야겠다.

Well done!
웰 던!

잘했어요!

Ⓐ Here is the report.
히얼 이z 더(th) 뤼폴t.

여기 보고서 있습니다.

Ⓑ Well done!
웰 던!

잘했어요!

1 **Keep up the good work.**
킵뻡떠(th) 구d 월k.

계속 열심히 해요.

2 **I am sorry to hear that.**
아임 쏘뤼 투 히얼 데(th)t.

그 말 들으니 마음이 아프네요.

3 **You are doing great.**
유얼 두잉 그뤠이t.

넌 잘하고 있어.

4 **It's been an honor to work with you.**
이ts 빈 언 아널 투 월k 위th 유.

함께 일해서 영광이었어요.

5 **We are going to miss you.**
위얼 고잉투 미s 유.

당신이 그리울 거예요.

6 **Let's keep in touch.**
레(L)ts 키뻰터ch.

계속 연락하자.

❶ congratulations: 축하해 (콩그뤠츌레이션s)

❷ keep in touch: 계속 연락하다 (키삔터ch)

❸ promotion: 승진 (프로모우션)   ❹ cheer up: 힘내 (취어러p)

❺ keep: 계속하다 (키p)   ❻ retirement: 퇴직 (뤼타이얼먼t)

❼ honor: 영광 (아널)   ❽ miss: 그립다 (미s)

❾ thank: 감사하다 (땡(th)k)

080 손님 맞이하기

3

핵심표현

Welcome to ~.
웰컴 투 ~.

~에 오신 것을 환영
합니다.

ⓐ Welcome to New York.
웰컴 투 뉴욕k.

뉴욕에 오신 것을 환영
합니다.

ⓑ Thank you.
땡큐

감사합니다.

How was your flight?
하우 워z 유얼 플(f)라이t?

비행 어떠셨어요?

ⓐ How was your flight?
하우 워z 유얼 플(f)라이t?

비행 어떠셨어요?

ⓑ The service was really good.
더(th) 썰비(v)s 워z 뤼얼리 구d.

서비스가 아주 좋았
어요.

The hotel is ~ minutes away.
더(th) 호텔 이z ~ 미니ts 어웨이.

호텔은 ~분 거리에 있
습니다.

ⓐ The hotel is 10 minutes away.
더(th) 호텔 이z 텐 미니ts 어웨이.

호텔은 10분 거리에
있습니다.

ⓑ Great!
그뤠이t!

잘됐네요!

180

1 **This is the schedule for ~.**
디(th)씨s 더(th) 스케줄 폴(f) ~.

이것이 ~의 스케줄입니다.

2 **I'll pick you up here at ~ tomorrow.**
아이 윌 피큐어p 히얼 엣 ~ 투머로우.

내일 ~시에 여기서 픽업하겠습니다.

3 **~ will be with you shortly.**
~ 윌 비 위th 유 숄틀리.

~ 씨는 곧 오실 것입니다.

4 **Please have a seat.**
플리z 해v 어 씨t.

앉으세요.

5 **Would you like something to drink?**
우쥴라익 썸띵(th) 투 쥬륑k?

마실 것 좀 드릴까요?

6 **This is 이름. S/he is 직업.**
디(th)씨s 이름. 쉬/히 이z 직업.

이분은 이름 씨이고 직업입니다.

❶ **honor**: 영광 (아널)

❷ **please**: 제발 (플리z)

❸ **trip**: 여행 (츄리p)

❹ **hotel**: 호텔 (호텔)

❺ **schedule**: 스케줄 (스케줄)

❻ **pick up**: 데려다주다 (픽꺼p)

❼ **drink**: 마시다 (쥬륑k)

❽ **wait**: 기다리다 (웨이t)

❾ **welcome**: 환영하다 (웰컴)

081 be동사

(am / is / are -
was / were - been)

3 핵심표현

주어 am/is/are ~.
주어 엠/이z/얼 ~.

주어는 ~야.

Ⓐ **Who are you?**
후 얼유?

누구세요?

Ⓑ **I am Sam.**
아이엠 쌤.

나는 쌤이야.

주어 am/is/are -ing.
주어 엠/이z/얼 -잉.

주어는 ~하고 있다.

Ⓐ **He is playing the guitar.**
히 이z 플레잉 더(th) 기탈.

그는 기타를 치고 있다.

Ⓑ **We are hearing his playing.**
위얼 히어륑 히s 플레잉.

우린 그의 연주를 듣고 있어.

주어 have/has been to ~.
주어 해v/해z 빈 투 ~.

주어는 ~에 가본 적 있어.

Ⓐ **She has been to Spain before.**
쉬 해z 빈 투 스뻬인 비폴(f).

그녀는 스페인에 가본 적 있어.

Ⓑ **I have been to Spain too.**
아이 해v 빈 투 스뻬인 투.

나도 스페인 가본 적 있어.

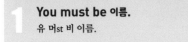

You must be 이름.
유 머st 비 이름.

이름 씨 맞죠.

You must be 형용사.
유 머st 비 형용사.

너 형용사하구나.

주어 am/is/are p.p(과거분사).
주어 엠/이z/얼 p.p(과거분사).

주어는 ~된다.

I am proud of you.
아이엠 프라우d 오v 유.

난 네가 자랑스러워.

That can't be good.
뎃(th) 캔t 비 구d.

(상황이) 좋지 않다.

Be ambitious.
비 엠비셔s.

야망을 가져.

9
be동사의 주어에 따른 변화

❶ I am: 나는 ~이다 (아이엠) ❷ s/he is: 그녀/그는 ~이다 (쉬/히z)

❸ they are: 그들은 ~이다 (데(th)이얼)

❹ we are: 우리는 ~이다 (위얼) ❺ I was: 나는 ~였다 (아이워z)

❻ s/he was: 그녀/그는 ~였다 (쉬/히 워z)

❼ they were: 그들은 ~였다 (데(th)이월)

❽ we were: 우리는 ~였다 (위월)

❾ I/she/he/they/we will be: 주어는 ~일 것이다 (아이/쉬/히/데(th)이/위월 비)

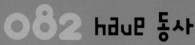

082 have 동사

(have/has - had
- had)

3 핵심표현

주어 have/has ~.
주어 해v/해z ~.

주어는 ~를 가지고 있다.

Ⓐ Do you have a car?
두유 해v 어 칼?

너는 차 있니?

Ⓑ No, I have a bicycle.
노우, 아이 해v 어 바이씨클.

아니 난 자전거 있어.

주어 have/has p.p.
주어 해v/해z p.p.

주어는 ~했다.

Ⓐ He has studied English for 1 year.
히 해z 스떠디d 잉글리sh 폴(f) 원 이얼.

그는 영어를 1년간 배웠어.

Ⓑ You are kidding me?
유얼 키링미?

장난이지?

주어 have/has to ~.
주어 해v/해z 투 ~.

주어는 ~해야 한다.

Ⓐ I have to go to school.
아이 해v투 고우 투 스꿀.

나는 학교에 가야 한다.

Ⓑ Why? It's Sunday.
와이? 이ts 썬데이.

왜? 오늘 일요일이야.

1 **I have a mission.**
아이 해v 어 미션.

난 의무가 있어.

2 **I have many children.**
아이 해v 메니 췰쥬런.

나는 많은 아이들이 있어.

3 **He has made a decision.**
히 해z 메이d 어 디씨젼.

그는 결정을 했어.

4 **They have arrived.**
데(th)이 해v 어롸이v프.

그들은 도착했어.

5 **He has to finish it by tomorrow.**
히 해z 투 피(f)니sh 잇t 바이 투머로우.

그는 이것을 내일까지 끝내야 해.

6 **He will have to go there.**
히 윌 해v투 고우 데얼.

그는 그곳에 가야 할 거야.

과거분사와 함께 쓰이는 have 표현 **9**

❶ have p.p: ~했다 (해v p.p)   ❷ had p.p: ~했었다 (해d p.p)
❸ will have p.p: 할 거다 (윌 해v p.p)
❹ would have p.p: 했을 것이다 (웃 해v p.p)
❺ must have p.p: 반드시 ~했을 거다 (머st 해v p.p)
❻ may have p.p: 아마 ~했을 거다 (메이 해v p.p)
❼ could have p.p: ~할 수 있었을 거다 (쿠d 해v p.p)
❽ cannot have p.p: ~ 안 했을 것이다 (캔나t 해v p.p)
❾ should have p.p: ~했었어야 했다 (슈d 해v p.p)

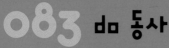

083 do 동사

(do/does-did -done)

3 핵심표현

주어 do/does ~.
주어 두/더z ~.

주어는 ~를 한다.

Ⓐ I do homework every day.
아이 두 홈월k 에브(v)리 데이.

나는 매일 숙제를 해.

Ⓑ What homework?
와t 홈월k?

무슨 숙제?

(조동사 – 일반동사 의문문, 부정문을 만드는 역할)
Do/does 주어 ~?
두/더z 주어 ~?

주어는 ~하니?

Ⓐ Do you like her?
두유 라(L)이k 헐?

너는 그녀를 좋아
하니?

Ⓑ No, I don't like her.
노우, 아이 돈 라(L)이k 헐.

(부정문) 아니 안 좋
아해.

주어 do/does 동사.
주어 두/더z 동사.

주어는 정말로 동
사해.

Ⓐ Does he study well?
더z 히 스떠디 웰?

그는 공부를 잘하니?

Ⓑ Yes, he does study well.
예s, 히 더z 스떠디 웰.

그는 정말로 공부를
잘해.

* do가 평서문 동사 앞에 오면 강조 역할을 한다.

1
I do the dishes.
아이 두 더(th) 디쉬s.

난 설거지를 해.

2
I do my hair every 3 weeks.
아이 두 마이 헤얼 에브(v)리 쓰(th)리 윅ks.

나는 3주에 한 번 머리를 해.

3
Do you watch movies?
두 유 워ch 무비(v)s?

너는 영화를 보니?

4
I don't like it.
아이 돈 라(L)이끼t.

나는 그것을 좋아하지 않아.

5
I do work hard.
아이 두 월k 할d.

나는 정말 열심히 일해.

6
We do love him.
위 두 러(L)v 힘.

우리는 정말 그를 좋아해.

do와 함께 쓰일 수 있는 단어 **9**

❶ chores: 잡일 (쵸얼s)

❷ laundry: 세탁 (런(L)쥬뤼)

❸ homework: 숙제 (홈월k)

❹ the math: 수학/계산 (더(th)메th)

❺ exercise: 운동 (엑썰싸이z)

❻ assignment: 과제 (어싸인먼t)

❼ shopping: 쇼핑 (쵸삥)

❽ aerobic: 에어로빅 (에뤄비k)

❾ yoga: 요가 (요가)

084 say 동사
(say/says-
said-said)

3 핵심표현

주어 say/says ~.
주어 세이/쎄z ~.

주어는 ~를 말한다.

Ⓐ **My mother always says that.**
마이 마덜(th) 올웨이z 쎄z 데(th)t.

엄마는 항상 그 말을 해.

Ⓑ **I know that.**
아이 노우 데(th)t.

나도 알아.

주어 said ~ (문장).
주어 쎄d ~(문장).

주어는 ~라고 했어.

Ⓐ **What did he say?**
왓 디d 히 세이?

그가 뭐라고 했어?

Ⓑ **He said he likes you.**
히 쎄d 히 라(L)익s 유.

그는 너를 좋아한다고 했어.

I say ~ (문장).
아이 쎄이 ~(문장).

나는 ~라고 주장해.

Ⓐ **What should we do now?**
왓 슛위 두 나우?

우린 이제 뭘 해야 하지?

Ⓑ **I say we go back to his place.**
아이 쎄이 위 고우 베k 투 히s 플레이s.

우리 그의 장소로 돌아가자.

＊ say의 주어가 I일 경우 '주장하다'라는 뜻이 된다.

Say something.
쎄이 썸띵(th).

말 좀 해봐.

What did you say?
왓 디쥬 세이?

뭐라고?

You can say that.
유 캔 쎄이 데(th)t.

그렇게 말할 수 있지.

You don't say!
유 돈 쎄이!

정말? (놀라움 표현)

As I said, ~.
에z 아이 쎄d, ~.

내가 말했듯이, ~.

Say goodbye.
쎄이 굿바이.

작별인사하다.

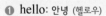

say와 함께 쓰일 수 있는 단어 **9**

❶ hello: 안녕 (헬로우)   ❷ goodbye: 잘 가 (굿바이)

❸ yes: 응 (예s)   ❹ no: 아니 (노우)

❺ something: 어떤 것 (썸띵(th))   ❻ anything: 아무것 (에니띵(th))

❼ again: 다시 (어겐)   ❽ slowly: 느리게 (슬로울리)

❾ cheese: 사진 찍을 때 말하는 김치 (취z)

085 go 동사
(go/goes-
went-gone)

3
핵심표현

주어 go (to ~).
주어 고우 (투 ~).

주어는 (~에) 간다.

Ⓐ **I go to the gym every day.**
아이 고우 투 더(th) 쥠 에브(v)리 데이.

나는 헬스장에 매일 가.

Ⓑ **Yeah, I saw you there.**
예, 아이 쏘우 유 데(th)얼.

응, 나 너 거기서 봤어.

주어 is going well/bad.
주어 이z 고잉 웰/베d.

주어는 잘 진행되고 있어/있지 않아.

Ⓐ **How's your plan going?**
하우z 유얼 플렌 고잉?

계획 잘되고 있니?

Ⓑ **My plan is going really well.**
마이 플렌 이z 고잉 뤼얼리 웰.

내 계획은 잘 진행되고 있어.

주어 go crazy/bad/rotten.
주어 고우 크뤠이지/베d/롸튼.

주어는 미친다/썩는다/부패한다.

Ⓐ **The apple went rotten.**
디(th) 에쁠 웬t 롸튼.

그 사과는 부패했어.

Ⓑ **I know that too.**
아이 노우 뎃(th) 투.

나도 알아.

1
Go ahead.
고어해d.

(계속)하세요.

2
I will go out with her.
아이 윌 고우 아웃 위th 헐.

나는 그녀와 데이트할 거야.

3
I am going over my report.
아임 고잉 오벌(v) 마이 뤼폴t.

난 내 보고서를 점검하고 있어.

4
It went wrong.
이t 웬t 륑.

그 건은 진행되었어.

5
I got enough books to go around.
아이 가t 이녀f 북s 투 고우 어롸운d.

모두에게 돌아가기에 충분한 책이 있어.

6
I go steady with her.
아이 고우 스떼디 위th 헐.

나는 그녀와 사귀어.

❶ up: 위로 가다 (어p)   ❷ ahead: 계속하다 (어해d)

❸ after: 추구하다/쫓다: (에프(f)털)   ❹ over: 검토하다 (오벌(v))

❺ out with: 데이트하다 (아우t 위th)   ❻ on: 계속하다 (온)

❼ for: ~을 택하다 (폴(f))   ❽ into: 들어가다 (인투)

❾ astray: 없어지다, 분실되다 (어스츄뤠이)

086 g만 동사
(get / gets - got - got / gotten)

3 핵심표현

주어 get ~.
주어 게t ~.

주어는 ~ 얻는다/이해한다.

ⓐ **He will get a scholarship.**
히 윌 게t어(게러) 스칼럴쉬p.

그는 장학금을 탈 거야.

ⓑ **What kind of scholarship?**
왓 카인d 오v 스칼럴쉬p?

어떤 종류의 장학금?

주어 get/got to ~.
주어 겟/갓 투 ~.

주어는 ~하게 된다/되었다.

ⓐ **He got to know her.**
히 갓 투 노우 헐.

그는 그녀를 알게 되었어.

ⓑ **What is her name?**
와리z 헐 네임?

그녀의 이름이 뭐야?

주어've got to ~.
주어'v 갓 투 ~.

주어는 ~하지 않으면 안 된다.

ⓐ **I've got to go now.**
아이v 갓 투 고우 나우.

나 지금 가봐야 해.

ⓑ **So soon?**
쏘 쑨?

벌써?

1

I got it.
아이 가릿t.

이해했어.

2

I will get a taxi/bus/subway.
아이 윌 게러 텍씨/버s/썹웨이.

난 택시/버스/지하철 탈 거야.

3

I will get there soon.
아이 윌 겟 데(th)얼 쑨.

난 그곳에 곧 도착할 거야.

4

I got a cold.
아이 가러 콜d.

나 감기 걸렸어.

5

I will get the door.
아이 윌 겟 더(th) 도얼.

내가 문 열게.

6

I will get the phone.
아이 윌 겟 더(th) 폰(f).

내가 전화받을게.

get과 함께 구동사를 만드는 단어 **9**

❶ out: 내리다 (아웃t)

❷ along: 살아가다 (얼롱)

❸ on: 타다 (온)

❹ away: 벗어나다 (어웨이)

❺ around: 돌아다니다 (어롸운d)

❻ up: 일어나다 (어p)

❼ down: 내리다 (다운)

❽ by: 그럭저럭 살아가다 (바이)

❾ along with: ~와 잘 지내다 (얼롱위th)

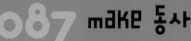

087 make 동사

(make / makes –
made – made)

3 핵심표현

주어 make ~.
주어 메이k ~.

주어는 ~를 만든다.

Ⓐ **I can make cake.**
아이 캔 메이k 케이k.

나는 케이크를 만들줄 알아.

Ⓑ **How can you do that?**
하우 캔 유 두 데(th)t?

어떻게 하는거야?

주어 make ~(목적어) ⋯(형용사).
주어 메이k ~ (목적어) ⋯(형용사).

주어는 ~가 ⋯되게 한다.

Ⓐ **He made me drive the car.**
히 메이d 미 쥬롸이v 더(th) 칼.

그는 이 차를 운전하게 했어.

Ⓑ **Really? He made my car broken.**
뤼얼리? 히 메이d 마이 칼 브로끈.

정말? 그는 내 차를 고장 냈어.

주어 can make a good ~.
주어 캔 메이꺼 굿 ~.

주어는 좋은 ~가 될 수 있다.

Ⓐ **What do you think of him?**
왓 두유 띵(th)k 오v 힘?

그에 대해 어떻게 생각해?

Ⓑ **I think he can make a good singer.**
아이 띵(th)k 히 캔 메이꺼 굿 씽얼.

좋은 가수 될 수 있다고 생각해.

Stop making noise.
스땁 메이낑 노이z.

그만 시끄럽게 해.

You and I can make a great team.
유 엔 아이 캔 메이꺼 그뤠잇 팀.

너와 나는 좋은 팀이 될 거야.

I can make 1,000 dollars a week.
아이 캔 메이k 원 따(th)우즌 달러s 어 위~k.

난 한 달에 1,000달러를 벌 수 있어.

The performance made my day.
더(f) 펄폴(f)먼s 메이d 마이 데이.

그 공연으로 내 하루가 즐거 웠다.

You can make it.
유 캔 메익끼t.

넌 할 수 있어.

It's made in South Korea.
이ts 메이d 인 싸우th 코뤼아.

이것은 한국에서 만들어졌어.

make와 함께 구동사를 만드는 단어 **9**

❶ off: 급히 떠나다 (오f) ❷ into: ~로 만들다 (인투)

❸ for: 기여하다 (폴(f)) ❹ up for: 만회하다 (어p폴(f))

❺ out of: ~로 만들다 (아우로v) ❻ after: 추적하다 (에프(f)털)

❼ out with: ~와 잘해보다 (아우t 위th)

❽ way for: 자리를 내주다 (웨이 폴(f))

❾ over: 양도하다/~로 바꾸다 (오벌(v))

197

088 Know 동사

(Know/Knows-Knew-Known)

3 핵심표현

주어 know ~.
주어 노우 ~.

주어는 ~를 안다.

A **I know the answer to the question.**
아이 노우 디(th) 엔썰 투 더(th) 퀘s쳔.

나는 이 질문의 답을
알아.

B **Then, tell me.**
덴(th), 텔미.

그럼 말해봐.

I know about/of ~.
아이 노우 어바우t/오v ~.

나는 ~에 대해 안다.

A **I know about King Sejong.**
아이 노우 어바우t 킹 세종.

난 세종대왕에 대해 알
아.

B **Can you describe him?**
캔 유 디s크롸이b 힘?

그에 대해 말해줄래?

주어 is/are known for ~.
주어 이z/얼 노운 폴(f) ~.

주어는 ~로 알려져 있다.

A **Do you know Minsu?**
두유 노우 민수?

너 민수 아니?

B **Yes, he is known for his intelligence.**
예s, 히 이z 노운 폴(f) 히s 인텔리젼s.

응, 그는 총명함으로 알
려져 있어.

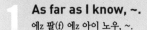

1 **As far as I know, ~.**
에z 팔(f) 에z 아이 노우, ~.

내가 알기론, ~.

2 **I know for sure.**
아이 노우 폴(f) 슈얼.

나는 확실히 알아.

3 **He knows his place.**
히 노우z 히s 플레이s.

그는 분수를 알아.

4 **I know the truth.**
아이 노우 더(th) 츄루th.

나는 진실을 알아.

5 **I know that by intuition.**
아이 노우 댓(th) 바이 인투이션.

나는 그것을 직감으로 알아.

6 **I don't know anything about ~.**
아이 돈 노우 에니띵(th) 어바우t ~.

나는 ~에 대해 아무것도 몰라.

know와 함께 쓰일 수 있는 단어 **9**

❶ yourself: 너 자신 (유얼쎌f) ❷ the way: 길 (더(th)웨이)

❸ for sure: 확실히 (폴(f)슈얼) ❹ nothing: 아무것도 (나띵(th))

❺ it all: 모든 것 (이롤) ❻ better: 더 잘 (베럴)

❼ how: 어떻게 (하우) ❽ well: 잘 (웰)

❾ everything: 모든 것 (에브(v)리띵(th))

089 think 동사
(think/thinks-thought-thought)

 핵심표현

주어 think about ~.
주어 띵(th)k 어바우t ~.

주어는 ~에 대해 생각한다.

Ⓐ **I think about my future every day.**
아이 띵(th)k 어바우t 마이 퓨(f)철 에브(v)리 데이.

난 매일 내 미래에 대해 생각해.

Ⓑ **What will you do in your future?**
왓 윌 유 두 인 유얼 퓨(f)철?

미래에 뭘 할 건데?

I am thinking of –ing.
아이엠 띵(th)킹 오v ~ing.

난 ~을 할까 생각하고 있다.

Ⓐ **What will you do this afternoon?**
왓 윌 유 두 디(th)s 에프(f)털 눈?

오늘 오후에 뭐할 거야?

Ⓑ **I am thinking of taking a nap.**
아이엠 띵(th)킹 오v 테이낑 어 네p.

난 낮잠 좀 잘까 생각해.

주어 think (that) ~.
주어 띵(th)k (뎃) ~.

주어는 ~라고 생각한다.

Ⓐ **What do you think?**
왓 두유 띵(th)k?

어떻게 생각해?

Ⓑ **I think he can thrive.**
아이 띵(th)k 히 캔 뜨(th)롸이v.

난 그가 성공할 것이라고 생각해.

1

Let me think.
레(L)t 미 띵(th)k.

생각해볼게.

2

I think so too.
아이 띵(th)쏘 투.

나도 그렇게 생각해.

3

You need to think carefully.
유 니투 띵(th) 케얼플(f)리.

너는 신중히 생각해야 해.

4

Let's think outside of the box.
레(L)ts 띵(th)k 아웃사이d 오v 더(th) 박s.

고정관념을 벗어나서 생각해보자.

5

I've never thought about it before.
아이v 네벌(v) 또(th)t 어바우리t 비폴(f).

그것에 대해 생각해본 적 없어.

6

Think positively.
띵(th)k 파겨티블(v)리.

긍정적으로 생각해.

think와 함께 쓰일 수 있는 단어 9

❶ about: ~에 대해 생각하다 (어바우t) ❷ of: ~를 생각하다 (오v)

❸ that: ~라는 것을 생각하다 (데(th)t) ❹ over: 숙고하다 (오벌(v))

❺ up: ~을 생각해내다 (어p)　　❻ ahead: 미리 생각하다 (어헤d)

❼ twice: 다시 생각하다 (투와이s) ❽ back: 돌이켜보다 (베k)

❾ through: 충분히 생각하다 (쓰(th)루)

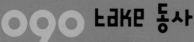

090 take 동사

(take/takes-took-taken)

3 핵심표현

주어 take ~. 주어 테이k ~.	주어는 ~을 가져간다.

ⓐ You can take this money.
유 캔 테이k 디(th)s 머니.

넌 이 돈을 가져갈 수 있어.

ⓑ I know, but I won't.
아이 노우, 버t 아이 워운t.

알고 있어. 하지만 안 그럴 거야.

주어 take ⋯(목적어) to ~(장소). 주어 테이k ⋯(목적어) 투 ~(장소).	주어는 ⋯를 ~로 데리고 간다.

ⓐ Why are we meeting him?
와이 얼 위 미팅/미링 힘?

우리가 그를 왜 만나는 거야?

ⓑ He will take us to a refuge.
히 윌 테이k 어s 투 어 레퓨(f)지.

그는 우릴 피난처로 데리고 갈 거야.

주어 take ~. 주어 테이k ~.	주어는 ~를 받는다.

ⓐ We don't take any new workers.
위 돈 테이k 에니 뉴 월컬z.

우린 새로운 직원을 받지 않아.

ⓑ That's sad.
데(th)ts 쌔d.

아쉽다.

1 **Take my hand.**
테익 마이 핸d.

내 손을 잡아.

2 **Let's take a picture.**
레(L)ts 테이꺼 픽쳘.

우리 사진 찍자.

3 **I can't take it anymore.**
아이 캔t 테익끼t 에니모얼.

나는 더 이상 못 참겠어.

4 **The city will take action.**
더(th) 씨티 윌 테이k 액션.

그 도시는 조치를 취할 거야.

5 **I need to take his temperature.**
아이 니투 테이k 히s 템펄쳘.

나는 그의 온도를 측정해야겠어.

6 **I take medicine every day.**
아이 테익 메디쓴 에브(v)리 데이.

난 매일 약을 먹어.

take와 함께 구동사를 만드는 단어 **9**

❶ **up**: 차지하다 (어p)　　❷ **after**: 닮다 (애프(f)털)

❸ **in**: 흡수하다 (인)　　❹ **away**: ~을 가지고 가다 (어웨이)

❺ **out**: 제거하다 (아웃t)　　❻ **on**: (모습을) 띠다 (온)

❼ **back**: 철회하다 (백k)　　❽ **down**: 분해하다 (다운)

❾ **over**: 인수하다 (오벌(v))

091 See 동사

(See / Sees - Saw
- Seen)

3 핵심표현

주어 see ~.
주어 씨 ~.

주어는 ~을 본다.

Ⓐ **I saw you yesterday.**
아이 쏘우 유 예s떨데이.

난 어제 너를 보았어.

Ⓑ **Where?**
웨얼?

어디서?

주어 see ⋯(목적어) ~(동.원/현재/과거분사).
주어 씨 ⋯(목적어) ~(동.원/현재/과거분사).

주어는 ⋯가 ~하는
걸/~되는 걸 보다.

Ⓐ **I saw him playing soccer.**
아이 쏘우 힘 플레잉 싸컬.

나는 그가 축구하는 걸
보았어.

Ⓑ **Me too, he was really fast.**
미 투. 히 워z 뤼얼리 페(f)st.

나도 보았어. 정말 빠
르더라.

주어 see ~.
주어 씨 ~.

주어는 ~를 이해하다.

Ⓐ **I see your point.**
아이 씨 유얼 포인t.

너의 요점이 이해돼.

Ⓑ **You are so smart.**
유얼 쏘 스말t.

너 정말 똑똑하구나.

1 **Let me see.**
레(L)t 미 씨.

어디 생각해보자.

2 **I will go and see what's happening.**
아이 윌 고우 엔 씨 와ts 해쁘닝.

내가 가서 무슨 일인지 알아볼게.

3 **You need to see a doctor.**
유 니투 씨 어 닥털.

너 의사를 만나야겠다.

4 **See you tomorrow.**
씨유 투머로우.

내일 만나.

5 **Are you seeing anyone?**
얼 유 씽 에니원?

사귀는 사람 있니?

6 **I will see you off at the airport.**
아이 윌 씨유 오f 엣 디(th) 에얼폴t.

내가 공항에서 너를 배웅할게.

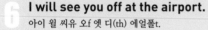

see와 함께 쓰일 수 있는 단어 **9**

❶ **about**: 처리하다/고려하다 (어바우t) ❷ **off**: 배웅하다 (오f)

❸ **in**: ~에서 …을 보다 (인) ❹ **into**: 조사하다 (인투)

❺ **over**: 위에서 둘러보다 (오벌(v)) ❻ **through**: 간파하다 (쓰(th)루)

❼ **to**: 처리하다, 돌보다 (투) ❽ **around**: 돌아보다 (어롸운d)

❾ **(someone) out**: ~보다 오래가다 (썸원 아우t)

092 come 동사

(come/comes
-came-come)

3 핵심표현

주어 come (to/from ~).
주어 컴 (투/프(f)럼 ~).

주어는 (~로/에서) 오다.

Ⓐ **My parents came to my house.**
마이 페어뤈ts 케임 투 마이 하우s.

내 부모님은 우리 집으로 오셨어.

Ⓑ **How long will they stay?**
하울롱 윌 데(th)이 스떼이?

얼마나 머무실 거야?

주어 come 형용사.
주어 컴 형용사.

주어는 형용사한 상태로 나온다.

Ⓐ **The room comes expensive.**
더(th) 룸 컴s 익스뺀씨v.

그 방은 비싸게 나온다.

Ⓑ **I still want to rent it.**
아이 스틸 원투 뤤t 잇t.

그래도 난 거기를 임대하고 싶어.

주어 come to ~.
주어 컴 투 ~.

주어가 ~하게 되다.

Ⓐ **She came to love him.**
쉬 케임 투 러(L)v 힘.

그녀는 그를 사랑하게 되었어.

Ⓑ **Interesting story.**
인터뤠s띵 스또뤼.

흥미로운 이야기구나.

Come on.
쾀온.

제발/말도 안 돼/힘내.

I will come by your house.
아이 윌 컴 바이 유얼 하우s.

너희 집에 들를게.

You should come up with a solution.
유 슈d 컴업 위th 어 쏠루션.

너는 해결책을 찾아야 해.

The mole came off.
더(th) 모울 케임 오f.

그 점은 떨어졌다.

He came down with an illness.
히 케임 다운 위th 언 일니s.

그는 병에 걸렸어.

How come you like her?
하우컴 유 라(L)이k 헐?

너는 도대체 왜 그녀를 좋
아하니?

＊ How come = 도대체 왜

❶ along: 나타나다/함께 가다 (얼롱)　❷ out: 나오다 (아우t)

❸ around: 의식을 차리다 (어롸운d)　❹ on: 등장하다/힘내 (온)

❺ out of: ~에서 나오다 (아우로v)　❻ up with: 고안해내다 (어p위th)

❼ across: 우연히 발견하다 (어크로s)　❽ apart: 부서지다 (어팔t)

❾ over: 들르다, 감정이 밀려오다 (오벌(v))

Part 5 자주 사용되는 20개 동사

093 want 동사

(want / wants -
wanted - wanted)

3 핵심표현

주어 want ~.
주어 원t ~.

주어는 ~을 원하다.

A I want this toy.
아이 원t 디(th)s 토이.

저는 이 장난감을 원해요.

B That's 20 dollars.
데(th)ts 투엔티 달럴s.

그건 20달러예요.

주어 want to 동사.
주어 워너 동사.

주어는 동사하는 것을 원한다.

A I want to work out.
아이 원투 월까우t.

나는 운동을 하길 원해.

B Let's do it together.
레(L)ts 두위t 투게덜(th).

같이 하자.

주어 want …(목적어) to ~(동사). 주어는 …가 ~하는 것을 원한다.
주어 원t …(목적어) 투 ~(동사).

A I want my boss to fix this.
아이 원t 마이 보s 투 픽(f)s 디(th)s.

난 내 상사가 이걸 고치는 걸 원해.

B Why is that?
와이 이z 데(th)t?

왜 그런데?

1

I want to know.
아이 원투 노우.

난 알고 싶어.

2

What do you want?
왓 두유 원t?

무엇을 원하세요?

3

I want nothing but ~.
아이 원t 나띵(th) 벗t ~.

나는 ~만 원해.

4

I want to be a writer.
아이 원투 비 어 롸이럴.

나는 작가가 되고 싶어.

5

They are in want of water.
데(th)이 얼 인 원t 오v 워럴.

그들은 물이 필요하다.

6

He is wanted.
히 이z 원티d.

그는 수배 중이다.

---

want to와 함께 쓰이는 일반적인 동사 9

❶ be: ~이다/되다 (비)

❷ do: 하다 (두)

❸ see: 보다 (씨)

❹ play: 놀다 (플레이)

❺ go: 가다 (고우)

❻ stay: 머물다 (스떼이)

❼ have: 가지다 (해v)

❽ keep: 유지하다 (키p)

❾ come: 오다 (컴)

094

use 동사
(use / uses
- used - used)

3 핵심표현

주어 use ~.
주어 유z ~.

주어는 ~을 사용한다.

ⓐ **You can use my computer.**
유 캔 유z 마이 컴퓨럴.

너는 내 컴퓨터를 사용해도 돼.

ⓑ **Thank you so much.**
땡(th)큐 쏘 머ch.

정말 고마워.

It's no use -ing.
이ts 노우 유s ~ing.

~해봐야 소용없다.

ⓐ **It's no use worrying about that.**
이ts 노우 유s 워륑 어바웃 데(th)t.

걱정해봐야 소용없어.

ⓑ **Then, what should I do?**
덴(th), 왓 슈라이 두?

그럼, 내가 뭘 해야 하지?

I used to 동사.
아이 유스투 동사.

난 동사를 하곤 했어/했었어.

ⓐ **I used to be fat.**
아이 유스투 비 페(f)t.

난 이전에 뚱뚱했어.

ⓑ **I can't believe that.**
아이 캔t 빌리v 데(th)t.

믿을 수 없어.

1 **We used it up.**
위 유zd 이러p.

우리는 그것을 다 썼어.

2 **Make the best use of it.**
메익 더(th) 베st 유s 오v이t.

그것을 최대한 활용해.

3 **Make free use of it.**
메익 프(f)리 유s 오v이t.

그것을 자유롭게 활용해.

4 **They were used by the villain.**
데(th)이 월 유zd 바이 더(th) 빌(v)런.

그들은 그 악당에 의해 이용 당했다.

5 **This machine came into wide use.**
디(th)s 머쉰 케임 인투 와이d 유s.

이 기계는 널리 사용되게 되었다.

6 **Use your imagination.**
유z 유얼 이메쥐네이션.

상상력을 발휘해.

use와 자주 함께 쓰이는 단어 9

❶ time: 시간 (타임)

❷ energy: 에너지 (에널쥐)

❸ resources: 자원 (뤼쏠쓰s)

❹ water: 물 (워럴)

❺ force: 힘 (폴(f)s)

❻ brain: 머리 (브뤠인)

❼ technology: 기술 (테k널러지)

❽ Internet: 인터넷 (인털넷)

❾ computer: 컴퓨터 (컴퓨럴)

Part 5 지주 사용되는 20개 동사

095 Find 동사

(Find / FindS -
Found - Found)

 핵심표현

주어 find ~.
주어 파(f)인d ~.

주어는 ~을 찾는다, 발견한다.

Ⓐ **I found your purse.**
아이 파(f)운d 유얼 펄s.

난 너의 지갑을 찾았어.

Ⓑ **Where did you find it?**
웨얼 디쥬 파(f)인d 이t?

어디서 찾았어?

주어 find (that) ~.
주어 파(f)인d (댓) ~.

주어는 ~을 알게 된다/~라고 생각한다.

Ⓐ **He found she was wrong.**
히 파(f)운d 쉬 워z 륑.

그는 그녀가 틀리다는 걸 알게 되었어.

Ⓑ **That's a problem.**
댓(th)쳐 프라블럼.

그것 문제네.

주어 find 재귀대명사 ~(상태).
주어 파(f)인d 재귀대명사 ~(상태).

주어는 ~한 상태에 처해 있다.

Ⓐ **I found myself in a hospital.**
아이 파(f)운d 마이쎌f 인 어 하스삐럴.

내가 병원에 있는 걸 발견했어.

Ⓑ **Then, what happened?**
덴(th), 왓 해쁜d?

그리곤, 어떻게 됐어?

1 **Look what I've found.**
루(L)k 왓 아이v 파(f)운d.

내가 뭘 찾았나 봐봐.

2 **I found it impossible to ~.**
아이 파(f)운d 잇 임파써블 투 ~.

난 ~이 불가능하다는 걸 알았어.

3 **Don't try to find an excuse.**
돈 츄라이 투 파(f)인d 언 익스큐s.

핑계 대려고 하지마.

4 **I found out the riddle.**
아이 파(f)운d 아우t 더(th) 뤼들.

난 그 수수께끼의 답을 알아냈어.

5 **Can you find your way home?**
캔 유 파(f)인d 유얼 웨이 홈?

집으로 가는 길을 찾을 수 있니?

6 **These animals are found in Africa.**
디(th)z 에너멀z 얼 파(f)운d 인 에f리카.

이 동물들은 아프리카에서 발견된다.

find와 자주 함께 쓰이는 단어 9

❶ job: 일 (쟙)

❷ difference: 차이 (디퍼(f)런s)

❸ evidence: 증거 (에비(v)던s)

❹ proof: 증거 (프루f)

❺ answer: 응답, 답 (엔썰)

❻ solution: 해답 (쏠루션)

❼ strength: 강점 (스츄뤵th)

❽ weakness: 약점 (위k니s)

❾ reason: 이유 (뤼즌)

096 give 동사

(give/gives -gave-given)

3 핵심표현

주어 give ~(받는 이) ⋯(주는 것).
주어 기v ~(받는 이) ⋯(주는 것).

주어는 ~에게 ⋯를 준다.

Ⓐ I will give you a gift.
아이 윌 기v 유 어 기ft.

난 너에게 선물을 줄 거야.

Ⓑ What gift?
왓 기ft?

무슨 선물?

주어 give ~ for ⋯(대가).
주어 기v ~ 폴(f) ⋯(대가).

주어는 ⋯의 대가로 ~을 내다.

Ⓐ I will give 5 dollars for that.
아이 윌 기v 파(f)이v 달럴s 폴(f) 데(th)t.

그것의 대가로 5달러 낼게.

Ⓑ Are you kidding me?
얼 유 키링 미?

지금 장난하는 거니?

주어 give ~.
주어 기v ~.

주어는 ~을 들인다.

Ⓐ I gave a lot of thought to that.
아이 게이v 얼라t 오v 또(th)t 투 데(th)t.

그것에 대해 깊이 생각해봤어.

Ⓑ Did you find an answer?
디쥬 파(f)인d 언 엔썰?

해답을 찾았니?

추가표현 **6**

1 **Don't give up.**
돈 기v어p.

포기하지 마.

2 **I will not give in.**
아이 윌 나t 기v 인.

난 포기 안 할 거야.

3 **He gave away his money to her.**
히 게이v 어웨이 히s 머니 투 헐.

그는 그녀에게 돈을 기부했어.

4 **The sun gives off heat.**
더(th) 썬 기vs 오f 히t.

태양은 열을 방출한다.

5 **She just gave birth to a child.**
쉬 줘st 게이v 벌th 투 어 촤일d.

그녀는 방금 아이를 낳았다.

6 **Give me a ring/call.**
기v 미 어 륑/콜.

전화해.

Part 5 자주 사용되는 20개 동사

give와 함께 쓰일 수 있는 단어 **9**

❶ up: 포기하다 (어p)　　　　❷ away: 기부하다 (어웨이)

❸ back: 돌려주다 (베k)　　　　❹ in: 항복하다 (인)

❺ out: 나눠주다 (아우t)　　　　❻ over: 양도하다 (오벌(v))

❼ off: 발하다 (오f)　　　　❽ onto: ~로 향하다, 통하다 (온투)

❾ forth: (소리 등을) 내다 (폴(f)th)

097 텔 동사
(텔/텔s
-told-told)

3 핵심표현

주어 tell …(목적어) ~(단어).
주어 텔 …(목적어) ~(단어).

주어는 …에게 ~를 얘기한다.

Ⓐ **He told me the truth.**
히 톨d 미 더(th) 츄루th.

그는 내게 진실을 얘기했어.

Ⓑ **Can you tell me that?**
켄 유 텔미 데(th)t?

내게 그것을 얘기해 줄 수 있니?

주어 tell …(목적어) ~(문장).
주어 텔 …(목적어) ~(문장).

주어는 …에게 ~를 얘기한다.

Ⓐ **He told me he is sad.**
히 톨d 미 히 이z 쎄d.

그는 내게 슬프다고 얘기했어.

Ⓑ **He must be sad.**
히 머st 비 쎄d.

슬프겠지.

주어 tell …(목적어) to ~(동사).
주어 텔 …(목적어) 투 ~(동사).

주어는 …에게 ~하라고 한다.

Ⓐ **He told me to study harder.**
히 톨d 미 투 스떠디 할딜.

그는 내게 더 열심히 공부하라고 했어.

Ⓑ **I agree with him.**
아이 어그뤼 위th 힘.

난 그에게 동의해.

216

6 추가표현

1 **Tell me about it.** 맞아 맞아/그러니까.
텔미 어바우리t.

2 **Tell me why.** 왜 그런지 이야기해줘.
텔 미 와이.

3 **Can you tell Jack from John?** 너는 잭과 존을 구별할 수 있니?
캔 유 텔 쥌 프(f)럼 좐?

4 **As far as I can tell,** 내가 판단하기로는,
에z 팔(f) 에z 아이 캔 텔,

5 **Never tell on me again.** 다시는 날 고자질하지 마.
네벌(v) 텔 온 미 어겐.

6 **Don't tell a lie.** 거짓말하지 마.
돈 텔러라이.

9 tell과 자주 쓰이는 단어

❶ a story: 이야기 (어 스또뤼)
❷ joke: 농담 (조우k)
❸ lie: 거짓말 (라(L)이)
❹ me: 나 (미)
❺ the truth: 진실 (더(th) 츄루th)
❻ time: 시간 (타임)
❼ difference: 차이 (디퍼(f)런s)
❽ on: 고자질하다 (온)
❾ off: 호통치다 (오f)

098 work 동사

(work/works - worked - worked)

 핵심표현

주어 work.
주어 월k.

주어는 일한다/근무한다.

Ⓐ **I work five times a week.**
아이 월k 파(f)이v 타임z 어 위~k.

난 한 주에 다섯 번 일해.

Ⓑ **What do you do?**
왓 두유 두?

무엇을 하는데?

주어 work.
주어 월k.

주어는 작동한다.

Ⓐ **My computer doesn't work.**
마이 컴퓨럴 더즌t 월k.

내 컴퓨터는 작동하지 않아.

Ⓑ **Let me see that.**
레(L)t 미 씨 데(th)t.

내가 한번 봐볼게.

주어 work.
주어 월k.

주어는 효과가 있다.

Ⓐ **The medicine works on me.**
더(th) 메디쓴 월ks 온 미.

그 약은 내게 효과가 있어.

Ⓑ **That's surprising.**
데(th)ts 썰프라이징.

그것 놀랍다.

＊ 형태가 같으므로 문맥을 보고 의미를 파악한다.

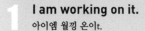

1 I am working on it.
아이엠 월낑 온이t.

그걸 해결하기 위해 노력하고 있어.

2 We should work to the deadline.
위 슈d 월k 투 더(th) 데드라인.

마감시간에 맞춰야 해.

3 I am working out.
아이엠 월낑 아우t.

난 운동을 하고 있어.

4 They worked in vain.
데(th)이 월kt 인 베(v)인.

그들은 헛수고를 했다.

5 I have a ton of work to do.
아이 해v 어 턴 오v 월k 투두.

난 할 일이 많아.

6 (명사: 작품) That's Picasso's work.
데(th)ts 피카소s 월k.

그건 피카소의 작품이야.

work와 자주 쓰이는 단어 9

① up: 불러일으키다 (어p)　　② on: 해결을 위해 애쓰다 (온)

③ out: 운동하다, 일이 풀리다 (아우t)　　④ over: 공격하다, 조사하다 (오벌(v))

⑤ off: 해소하다 (오f)　　⑥ at: 힘쓰다, 노력하다 (에t)

⑦ hard: 열심히 일하다 (할d)　　⑧ smart: 영리하게 일하다 (스맠t)

⑨ through: (어려움 등을) 통과하다 (쓰(th)루)

099 call 동사

(call / calls - called - called)

3 핵심표현

주어 call ~. 주어 콜 ~.	주어는 ~를 부른다.

Ⓐ **That's when my teacher called me.**
데(th)ts 웬 마이 티철 콜d 미.

그때 선생님이 나를 불렀어.

Ⓑ **Why did he call you?**
와이 디d 히 콜 유?

왜 부르셨는데?

주어 call …(목적어) ~(명칭). 아이 콜 …(목적어) ~(명칭).	주어는 …를 ~라고 부른다.

Ⓐ **People call me Pretty.**
피쁠 콜 미 프리티.

사람들은 나를 예쁜이라고 불러.

Ⓑ **Are you serious?**
얼 유 씨어뤼어s?

진심이야?

주어 call ~. 주어 콜 ~.	주어는 ~를 전화로 부른다/전화한다.

Ⓐ **We need to call a taxi.**
위 니투 콜 어 텍씨.

우리 택시를 불러야겠어.

Ⓑ **Do you have a phone?**
두유 해v 어 폰(f)?

전화기 있어?

1 **Please call me ~.**
플리z 콜 미 ~.

날 ~라고 불러줘.

2 **My boss called off the meeting.**
마이 보s 콜d 오f 더(th) 미팅.

내 상사는 회의를 취소했다.

3 **I wil call you back.**
아이 윌 콜 유 베k.

다시 전화할게.

4 **Let's call it a day.**
레(L)ts 콜리러데이.

이제 그만하자.

5 **Call an ambulance.**
콜런 엠뷸런s.

구급차를 불러.

6 **Please call in fire now.**
플리z 콜 인 파(f)이얼 나우.

지금 화재 신고를 해주세요.

call과 자주 쓰이는 단어 9

❶ at: 들르다 (에t)
❷ for: 요구하다 (폴(f))
❸ off: 취소하다 (오f)
❹ in: 부르다, 전화하다, 신고하다 (인)
❺ on: (수업에서) 부르다, 방문하다 (온)
❻ back: 다시 전화하다 (베k)
❼ by: 들르다 (바이)
❽ away: 불러내다 (어웨이)
❾ out: (위급할 때) 부르다, 소집하다 (아우t)

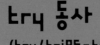
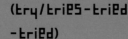

100 try 동사
(try/tries-tried
-tried)

3 핵심표현

주어 try to 동사.
주어 츄라이 투 동사.

주어는 동사를 하려고 노력한다.

Ⓐ **I tried to pass the exam.**
아이 츄라이d 투 페s 디(th) 익쥄.

난 그 시험을 통과하려고 노력했어.

Ⓑ **I know. I trust you.**
아이 노우. 아이 츄러st 유.

나도 알아. 난 널 믿어.

주어 try ~(-ing/명사).
주어 츄라이 -ing/명사.

주어는 ~를 한번 해본다.

Ⓐ **I tried swimming today.**
아이 츄라이d 스위밍 투데이.

난 오늘 수영을 한번 해보았어.

Ⓑ **How was it?**
하우 워z 이t?

어땠어?

주어 be동사 tried.
주어 be동사 츄라이d.

주어는 재판받는다.

Ⓐ **My friend was tried in court.**
마이 프(f)렌d 워z 츄라이d 인 코얼t.

내 친구는 법정에서 재판을 받았다.

Ⓑ **How come?**
하우컴?

도대체 왜?

Let me try.
레(L)t 미 츄라이.

내가 한번 시도해볼게.

I want to try this food.
아이 원투 츄라이 디(th)s 푸(f)~d.

나 이 음식 한번 먹어보고 싶어.

Can I try on this suit?
캐나이 츄라이 온 디(th)s 수~t?

이 정장 입어봐도 돼?

I tried not to fall asleep.
아이 츄라이d 낫투 팔(f)어슬리p.

나는 잠들지 않도록 노력했어.

He tried out for the audition program.
히 츄라이d 아웃 폴(f) 디(th) 어디션 프로그램.

그는 그 오디션 프로그램에 지원했어.

Give it a try.
기비(v)러 츄라이.

한번 해봐.

try와 자주 쓰이는 단어 **9**

❶ on: 입어보다, 해보다 (온)

❷ out: 시험해 보다 (아웃t)

❸ again: 다시 해보다 (어겐)

❹ hard: 애쓰다 (할d)

❺ me: 나를 테스트해봐 (미)

❻ for: ~을 얻기 위해 노력하다 (폴(f))

❼ everything: 모든 수단과 방법을 쓰다 (에브(v)리띵(th))

❽ one's luck: 운을 시험해보다 (원s러(L)k)

❾ one's best: 최선을 다하다 (원s베st)

탁상용 1일 5분 영어 완전정복

이원준 엮음 | 140*128mm | 368쪽
14,000원(mp3 파일 무료 제공)

탁상용 1일 5분 일본어 완전정복

야마무라 지요 엮음 | 140*128mm
368쪽 | 14,000원(mp3 파일 무료 제공)

탁상용 1일 5분 중국어 완전정복

최진권 엮음 | 140*128mm | 368쪽
14,000원(mp3 파일 무료 제공)